Heidi Woweries

In meinem Herzen
leuchtet
ein Licht für dich

Trauer in neuen
Lebensmut verwandeln

Schirner
Verlag

ISBN 978-3-89767-878-1

Heidi Woweries:
In meinem Herzen leuchtet
ein Licht für dich
Trauer in neuen Lebensmut
verwandeln
Copyright © 2010
Schirner Verlag, Darmstadt

Cover: Murat Karaçay, Schirner
Unter Verwendung des
Bildes Nr. 8884359 von javarman
www.fotolia.de
Redaktion: Heike Wietelmann, Schirner
Satz: Daniela Schirach, Schirner
Printed by: Reyhani Druck & Verlag,
Darmstadt, Germany

www.schirner.com

1. Auflage 2010

Inhalt

Für meine Mutter und
meine Lieben hier und dort

Vorwort

Wo auch immer du sein solltest:
In meinem Herzen leuchtet ein Licht für dich!

Eine Woche bevor meine Mutter starb, lief in einem Geschäft, in dem ich gerade einkaufte, ein Lied. Es war so einprägsam, dass ich es sofort wiedererkennen würde.

Das Lied war auf Englisch und die Zeilen, die mir besonders im Gedächtnis geblieben sind, würde ich so übersetzen:

> „Und irgendwann wirst du es schaffen,
> über sie zu reden, ohne dass es dir das Herz
> zerreißt,
> und du wirst nicht mehr an den Schmerz
> und die schweren Stunden denken,
> sondern nur noch an das Schöne."

Mir schossen die Tränen in die Augen, und ich bemühte mich, nicht loszuheulen.

Es ist nicht wirklich so, dass man nur noch an das Schöne denkt. Doch es ist möglich, dass die Wunde der Trauer heilen und zu einer Narbe werden kann, die bei Berührung immer wieder einmal Schmerzen bereiten kann.

Es ist wirklich so, dass man irgendwann immer öfter in Freude zurückdenkt statt nur zu weinen.

Es ist nicht so, dass man diejenigen, die man geliebt oder gemocht hat, je vergisst. Sie wohnen jetzt im Herzen.

Jetzt ist es schon fast fünf Jahre her, dass meine Mutter, die auch meine beste Freundin war, gestorben ist. Es scheint mir, als seien Jahrzehnte vergangen, und gleichzeitig kommt es mir so vor, als wäre es erst gestern gewesen.

Hätte man mir damals – in den ersten Tagen nach dem Tod meiner Mutter – erzählt, dass ich irgendwann einmal wieder glücklich werden könnte, ich hätte es wohl nicht geglaubt.

Man kann wieder glücklich werden. Auch wenn man die, die gegangen sind, sehr geliebt hat und immer noch liebt. Auch wenn man immer wieder einmal weinen muss, weil man sie vermisst.

Diese Art der Heilung ist möglich und ich wünsche sie mir auch für Sie. Von ganzem Herzen.

Lesen Sie das Buch so, wie es sich am besten für Sie anfühlt. Auch wenn ich empfehle, es wie eine Reise Wort für Wort und Seite für Seite zu lesen, so mag es für Sie eventuell besser sein, direkt einzelne Kapitel anzusteuern. Dann tun Sie es.

Ich wünsche mir, dass Ihnen dieses Buch Kraft gibt.

Geben Sie nicht auf,
      Heidi Woweries

Möge dieses Buch die Wunden
ein wenig heilen,
wo die Trauer noch wie Feuer brennt.

Mögen Sie mit jedem gelesenen Wort
ein wenig mehr Mut und ein wenig mehr
Kraft bekommen.

Die Reise
der Heilung

Neben „Liebe" ist „Vertrauen"
das wichtigste Wort auf dieser Erde.

Lassen Sie uns die Reise der Heilung beginnen.

Nichts kann jetzt, in diesem Moment, wirklich trösten.

Das Einzige, was ich Ihnen jetzt wünschen kann, ist Kraft.

Vielleicht hilft es Ihnen, wenn Sie überlegen, dass unsere Lieben es nicht wollen würden, dass wir zusammenbrechen. Sie würden sicher wollen, dass wir wieder glücklich werden.

Eine riesige Leere ist entstanden. Doch ganz langsam wird sich Ihr Leben wieder füllen.

Alles muss heilen, so wie eine Wunde heilt. Nehmen Sie sich die Zeit, die Sie brauchen.

Das ist wichtig, um irgendwann die Hülle der Trauer abzuschütteln und darunter die frische und junge Hoffnung freizulassen, den Keim eines neuen Lebens, das nicht mehr so ist, wie es vorher war.

Die Trauer zuzulassen ist wichtig. Doch vergessen Sie nicht, irgendwann wieder weiterzugehen.

Stehen Sie sich selbst so bei, wie Sie Ihrem besten Freund beistehen würden.

Der Engel des Trostes

Fühle dich geborgen

in den weichen Flügeln des Engels des Trostes.

Sprich dein Leid in die Unendlichkeit,

weine deine Schmerzen hinaus – du wirst gehört!

Spürst du, dass jemand will,

dass du wieder stark wirst und Hoffnung schöpfst?

Auch wenn du Gottes liebevolle Arme vor Schmerz

nicht spüren kannst: Sei dir sicher, dass sie dich

halten.

Nimm meine Hand, wenn du für all das zu schwach bist,

lehne dich an mich, weine.

Spüre meine unsichtbare Hand und meine Liebe,

meinen Trost und meine Stütze in dunkler Nacht.

Sieh das Licht der Hoffnung

langsam wieder deine Tage erhellen.

Spüre die Wärme der Sonne

und lass dich ermutigen vom Wind.

Und vergiss nie:

Du wirst geliebt!

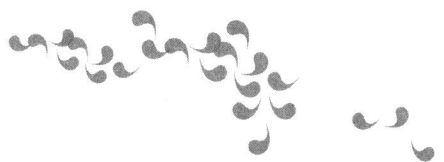

Ich will es versuchen

Ich will all meinen Mut zusammennehmen
und all meine Willenskraft.

„Ich will es versuchen."

Ist dieser Satz im Grunde nicht einer der wichtigsten Sätze für all jene Situationen im Leben, die uns in irgendeiner Art und Weise herausfordern?

Ich glaube, dies ist einer der entscheidenden Sätze in diesem Buch. Er lenkt uns wie ein sanfter Windhauch in die richtige Richtung.

Die Bereitschaft durchzuhalten, ist vielleicht das Einzige, was wir in schwierigen Zeiten von uns aus tun können.

Aber es könnte auch durchaus sein, dass Gott uns mehr zutraut als wir uns selbst.

Es kann sein, dass Sie noch eine ganze Weile das Gefühl haben, keinen Schritt vorwärtszukommen. Vielleicht werden Sie sogar eine Zeit lang der Meinung sein, rückwärtszugehen.

Das ist – nach allem, was passiert ist – völlig normal.

Dieser Satz kann Ihnen dabei helfen, immer wieder einen Schritt nach vorne zu gehen – und sei er auch noch so klein.

Stark trotz
Tränen und Trauer

Und dürfte ich dich
nur einen Tag gekannt haben –
er wäre alle Tränen wert gewesen.

Ich konnte lange nicht verstehen, wie Menschen, die eine ihnen sehr nahestehende Person verloren hatten, je wieder glücklich werden konnten. Wie sie es schafften weiterzuleben, ohne zu verzweifeln.

Wie tapfer sie gerade jetzt kämpften und sich bemühten. Wie stark sie trotz ihrer Tränen und Trauer waren.

Dann starb an einem wunderschönen Sommertag – völlig unerwartet und noch viel zu jung – meine Mutter, die auch meine beste Freundin gewesen war.

Innerhalb von wenigen Augenblicken änderte sich mein komplettes Leben, meine ganze Welt.

Ich hatte das Gefühl, keinen Boden mehr unter den Füßen zu haben und keinen Halt mehr finden zu können. In mir brach eine riesige Wunde auf.

Inmitten all der Tränen, all dem Schmerz und in all der Verzweiflung spürte ich aber genau jenen Willen, „es" schaffen zu wollen – oder es wenigstens zu versuchen.

Ich wollte mich bemühen, meinen Teil beizutragen. Auch wenn ich nicht wusste, woher ich die Kraft dafür nehmen sollte.

Tränen sind
keine Schwäche

Meine Hände schöpfen
aus der Erinnerung das Glück.
Leise schicke ich Grüße
in das andere Land.

Tränen sind keine Schwäche.
Man ist nicht schwach, wenn man weint.

„Tränen lösen die Anspannungen. Jedes Weinen löst eine weitere Blockade." Diese Worte sagte mir eine meiner besten Freundinnen, kurz nachdem meine Mutter gestorben war und ich sehr viel weinen musste.

Auf dem Friedhof traf ich einen Mann, der mir folgende tröstliche Worte sagte: „Lassen Sie die Tränen nur heraus. Tränen sind ein Zeichen von Liebe."

All das half mir, wenn ich glaubte, mich für meine Tränen und meine vermeintliche Schwäche schämen zu müssen.

Du kannst
sehr stark sein

Der Schlüssel zu deiner Kraft
ist der Glaube an dich selbst.

Eine liebe Bekannte, die nächstes Jahr ihren 90. Geburtstag feiern wird und noch immer sehr aktiv ist, sagte damals zu mir: „Irgendwann, nach vielen Jahren, wirst du merken, wie stark dich das alles gemacht hat. Du wirst einen Sinn erkennen. Vielleicht den, dass du gelernt hast, stark zu sein. Und du wirst sehen, dass diese harte Zeit nicht umsonst gewesen ist und du dafür etwas Gutes bekommen hast."

Sie sagte, dass sie sich nach dem Tod ihres Mannes dazu entschlossen habe, sich nie wieder wegen unwichtiger Dinge durcheinanderbringen zu lassen.

Sie hatte ihren Mann sehr geliebt. Ihre Augen leuchten heute noch, wenn sie von ihm erzählt.

Inzwischen wüsste sie jedoch schon nicht mehr, welches das schönere Leben sei – das vor seinem Tod oder das jetzige, so glücklich sei sie wieder geworden.

Ihre Worte wirkten sehr kraftvoll und machten mir Mut. Heute kann ich sie verstehen.

Der jetzige Moment liegt in unseren Händen. Werfen wir ihn nicht weg, nutzen wir ihn!

Wir können sehr stark sein. Wir zweifeln nur zu oft daran.

Ein Gegengewicht
zu all den Tränen

Gehe kleine Schritte.
Das Wichtigste ist,
dass du wieder anfängst,
für wohltuende Augenblicke
in deinem Leben zu sorgen.

Tränen können sehr befreiend sein. Doch zu viele Tränen sind nicht gut.

Versuchen Sie daher, baldmöglichst ein Gegengewicht zu all den Tränen zu schaffen – auch wenn es am Anfang nur wenige Augenblicke sind.

Ab einem bestimmten Punkt merkte ich, wie sehr mich die Tränen und die Trauer auch schwächten. Ich hatte Angst, zusammenzubrechen.

Ich erinnerte mich an eine Liste, die ich früher einmal erstellt hatte, mit Dingen, die ich mag (siehe Kapitel „Stärkende Momente als wichtiger Ausgleich").

Die Aktivitäten, die ich auf dieser Liste festgehalten habe, haben mir geholfen, eine neue Basis zu schaffen, die mich stützte. Diese Liste half mir wie eine schützende Hütte im Sturm.

Das heißt nicht, dass man der Trauer aus dem Weg gehen soll. Die Auseinandersetzung mit der Trauer ist wichtig, um zu verarbeiten, was noch tief in uns festsitzt und durch die Tränen bzw. die Trauer gelockert, gelöst und verarbeitet werden möchte.

Unterstützende Gedanken

Unterstützende Gedanken
erhöhen deine Energie.

Ich glaube, je optimistischer wir an eine Sache herangehen, und je mehr wir den guten Ausgang einer Situation für möglich halten, desto kraftvoller werden wir handeln können, und desto größer werden die Chancen auf den Erfolg.

Ich glaube, es ist die Kraft aus unserem „Selbst"-Vertrauen, der Glaube an uns selbst, auf den es ankommt.

Man versucht einfach, die bestmögliche unterstützende Basis für die gegenwärtige Situation zu schaffen.

Es ist, als würden Sie sich selbst an der Hand halten.

Wache auf
und vertraue

Du hast die Kraft in dir –
gib nicht auf!

Immer wieder hoffte ich, nur zu träumen. Immer wieder merkte ich, dass ich nicht träumte.

„Wache auf und vertraue" – diese Worte („Wake up and trust") las ich einige Tage nach dem Tod meiner Mutter in irgendeiner englischen Zeitschrift.

Sie waren das Erste, was ich mir in den darauffolgenden Monaten jeden Morgen nach dem Aufwachen in Gedanken sagte. Jeden Morgen gaben mir diese Worte erneut Kraft.

Jeden Morgen legte ich mein Vertrauen in die Hände des noch jungen Tages.

Trauer ist Liebe

Deine Liebe umhüllt mich sanft
von drüben wie mit Flügeln.

Wenn wir mit dem Tod konfrontiert werden, erschüttert er uns – egal, welch starken Glauben wir auch haben mögen. Wenn es um unsere Lieben geht, schreit unser Herz.

Ich glaube, es fällt nur den wenigsten leicht, darüber zu reden, und ich denke auch, dass der Tod eines der schwierigsten Themen im Leben ist, wenn nicht das schwierigste überhaupt.

Manche sagen, Trauer sei Selbstmitleid oder Egoismus.

Ich glaube, dass dabei etwas vor sich geht, das uns tief in unserem Inneren bewegt.

Eine Freundin sagte es einmal sehr treffend:
„Man hat einen Freund verloren." Dieser Satz drückte genau
das aus, was ich empfand.

Man hat jemanden verloren, den man sehr, sehr gern hatte.

Ich nenne es daher Liebe.

Menschliche Engel –
Hilfe „von oben"

Immer wieder ist es sinnvoll,
zu hoffen und zu vertrauen.

Man muss durch manchen Sturm hindurch,
doch es gibt immer hilfreiche Hände

Gott lässt niemanden allein. Er schickt uns seine Hilfe, oft ganz unerwartet oder versteckt durch Worte von Menschen, in Form von Filmen oder Büchern, Zeitungs- oder Fernsehberichten, die wir „durch Zufall" hören oder sehen und die uns guttun.

Als „menschliche Engel" bezeichnete meine Mutter gerne eine bestimmte Art von Menschen, und heute verstehe ich, was sie damit meinte. Das können Ihnen völlig unbekannte Menschen sein, die Ihnen im Vorbeigehen zulächeln oder Ihnen in einer alltäglichen Situation, z. B. beim Einkaufen, mit Freundlichkeit oder Zuvorkommenheit begegnen.

Sie tauchen oft völlig unerwartet auf und verbreiten ein wenig Glück – und meist sind sie sich dessen überhaupt nicht bewusst.

Es gibt aber auch Engel in Menschengestalt, die wir sehr gut kennen und die uns nahestehen.

Jedes aufmunternde Lachen ist eine Art von Liebe, eine Art von Kraft, die wir erhalten und auch an andere weitergeben können.

Engel der Kraft

Die Liebe fließt von innen nach außen,

sie fließt aus einer endlosen, lichten Quelle

und ist aus reinstem Licht.

Sie glitzert in weißen und goldenen Tönen

und ist von unglaublicher Schönheit.

Tauche ein in diese Quelle der Liebe

und nimm alle ihre Kraft und Energie in dich auf.

Du wirst jetzt getragen von purer Liebe,

du wirst umspült von Licht und sanfter Wärme.

Alles ist licht und hell,

wohltuende Energie durchströmt dich.

Nimm alles in dich auf, glaube an dich selbst

und an deine Kraft.

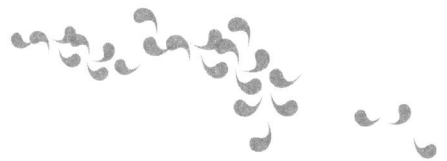

Das Leben ist kostbar

Das Leben schenkt uns jeden Tag
vierundzwanzig Stunden.

In dieser Zeit erhebt sich
die Sonne am Horizont
und zieht über das Firmament,
bis sie abends wieder untergeht.

In dieser Zeit sollten wir leben.

Wir haben die Chance, wieder glücklich zu werden.

Ich sah, wie zerbrechlich alles ist. Ich sah aber auch, dass es Möglichkeiten gibt.

Ich sah, dass es Menschen gibt, die keine Alternativen mehr haben und dieses Geschenk des Lebens so gerne annehmen würden.

Zu dieser Zeit hatte ich den Eindruck, dass es vielen Menschen gar nicht klar ist, welch kostbaren Schatz sie in ihren Händen halten.

Nichts im Leben ist selbstverständlich, daher sollten wir versuchen, jede Minute zu genießen und dankbar zu sein.

Wir sollten uns immer wieder daran erinnern, wie kostbar jeder Moment ist.

Wege aus der Trauer

Es sind Kleinigkeiten,
die in ihrer Summe
eine große Wirkung erzielen können.

Ich glaube, es kann uns letztlich nur das aus der Trauer hinaushelfen, was uns guttut oder uns früher schon Freude bereitet hat.

Daran sollten wir uns erinnern oder wieder danach suchen. Wir müssen irgendetwas finden, das uns – vielleicht nicht gleich, aber hoffentlich irgendwann – wieder zum Lächeln und zur Freude zurückführt.

Ich glaube nicht, dass Traurigkeit uns aus der Traurigkeit hinausführen kann, sondern nur irgendeine kleine Freude, die uns an das Lachen erinnert und uns mit ihrem Licht den Weg erhellt, der gerade so dunkel ist.

Gerade in solchen Momenten ist es gut, eine Liste zu führen mit Dingen, die einem guttun, Freude bereiten und somit helfen, gesund zu werden.

Denn die Traurigkeit ist wie eine Krankheit, und das Lachen steht für Gesundheit, und daher könnte alles, was uns ähnlich dem Lachen guttut, uns darin unterstützen, wieder zu heilen.

Du wirst jetzt vieles
allein machen müssen.

Und du schaffst es!

Du bist niemals allein.
Wir sind immer an deiner Seite.

Es gab viele schlimme Momente in meinem ersten Trauerjahr, aber auch viele schöne. Mir wurde so viel Freundlichkeit, Hilfe und Verständnis entgegengebracht. All das gab mir Auftrieb.

In meiner Verzweiflung habe ich oft „nach oben" um Hilfe gerufen, mir bitte die Kraft zu geben, das alles durchzustehen.

Ich glaube, Gott schickt uns auf viele Arten seine Hilfe. Er lässt uns niemals allein.

Michael, der die Rede bei der Beerdigung gehalten hat, hatte kurz nach dem Tod meiner Mutter zu mir gesagt: „Du wirst jetzt vieles allein machen müssen. Und du schaffst es!"

Er sagte das so überzeugt, als ob er sich dessen ganz sicher sei. Das gab mir so viel Kraft in einer Zeit, in der ich das Gefühl hatte, als sei mir gerade der Boden unter den Füßen weggezogen worden, und ich mich aber zugleich von einer Kraft getragen zu werden glaubte, die ich nicht in Worte fassen konnte.

Probleme und Herausforderungen

Worte können Entschlossenheit
ausdrücken, sie können Kraft und
Standfestigkeit geben.

Sie können einen entscheidenden Wandel
in einer Situation bewirken.

Sie können uns in unseren Handlungen
bestärken oder bremsen.

Haben Sie schon einmal daran gedacht, das Wort „Probleme"
gegen das Wort „Herausforderungen" auszutauschen?

Im Gegensatz zu dem Wort „Probleme", bei dem eher ein Gefühl
von Mutlosigkeit mitschwingt, hat man bei dem Wort „Herausforderungen" gleich ein Gefühl von Entschlossenheit und einer
gewissen Stärke, die einen zur Suche nach Lösungen motiviert.

Die Energie beider Worte ist jeweils eine völlig andere. Beim einen fließt Kraft hinzu, beim anderen wird sie vermindert.

Eine liebe Freundin erklärte meiner Mutter und mir vor vielen Jahren diesen Unterschied. Das änderte sehr viel in unser beider Denkweise und somit auch in unserer Art zu handeln.

Diese Freundin sagte auch, dass man an Herausforderungen wachsen, sich weiterentwickeln und letztlich stark daraus hervorgehen könne. Manche Herausforderungen müsse man im Leben meistern, um gewisse Dinge zu lernen.

Merken Sie den Unterschied? Es sind zwei Sichtweisen einer Sache. Eine, die stärkt und motiviert und eine andere, die eher hemmt und mutlos macht.

„Ich will" statt „ich muss". Das verändert die Schwingung einer Situation vollkommen.

Angst vor dem eigenen Mut

Es kann immer wieder einmal Tage geben,
an denen uns Dinge aus der Balance
bringen, uns von unserem Weg wegführen,
uns an unserem Glauben an uns selbst
zweifeln lassen oder uns Angst machen.

Dann ist es wichtig, uns selbst die Hand
zu reichen und, wenn es sein muss, uns
auch von anderen die Hand reichen zu
lassen.

Ich habe länger überlegt, ob ich dieses Kapitel schreiben soll.
Aber dann entschied ich mich doch dazu.
Vielleicht macht es Ihnen Mut.

Als ich vom Verlag die Zusage für dieses Buch bekommen hatte, ging alles auf einmal sehr schnell. Natürlich war ich glücklich, doch gleichzeitig bekam ich Angst vor meinem eigenen Mut. Ein kleiner Teil des Buches musste noch fertiggeschrieben werden, aber ich war vor Aufregung beinahe bewegungsunfähig.

Das Schicksal wollte offensichtlich prüfen, wer nun stärker war, meine Angst oder mein Mut. Schließlich wurde mir klar, dass es so nicht weitergehen konnte, denn der Abgabetermin war schon in wenigen Tagen.

Mein Buch soll Menschen Mut machen – so hatte ich es geplant. Also sollte ich mich wohl selbst an die Empfehlungen meines Buches halten, nämlich an mich zu glauben und den Willen zu haben, das Buch gut zu Ende zu schreiben, um somit auch anderen eine Hilfe sein zu können.

Ich verriet ein paar Leuten, dass ich ziemlich aufgeregt war und bekam daraufhin viele unterstützende Worte. Ich machte Sport und machte es mir danach mit einer Tasse Kaffee gemütlich. So kam ich einerseits in Bewegung und wurde andererseits auch beim Schreiben immer lockerer. Bewegung bewirkt fast immer Entspannung – zwei extrem wichtige Stützen, wenn man aus der Balance geraten ist. Sie können z. B. auch putzen, aufräumen oder einkaufen gehen, um Ihre Gefühle in Bewegung umzusetzen.

Langsam spürte ich wieder meinen inneren Kompass, der mir nach wie vor treu den Weg zeigte, den ich aber vor lauter Nervosität nicht mehr wahrgenommen hatte.

Wir alle können ein Licht füreinander sein, und in dem Moment, als ich begann, wieder an meine Stärke zu glauben, kam sie zurück. Und so vollendete ich dieses Buch.

Bitte haben auch Sie den Mut, es zu versuchen. Ihre Situation ist gerade sehr schwierig und sehr traurig. Bitte versuchen Sie durchzuhalten.

Verzeihen Sie sich Schwächen. Geben Sie nicht auf, nur weil es heute vielleicht nicht funktioniert hat. Es ist normal, dass Dinge manchmal nicht auf Anhieb klappen.

Das Entscheidende ist, dass Sie einfach versuchen, wieder neu zu beginnen. Seien Sie stolz darauf, dass Sie so bald wie möglich wieder aufstehen und es erneut versuchen werden.

„Morgen ist ein neuer Tag, an dem ich von vorne anfangen kann.", könnte zu ihrem neuen Motto werden.

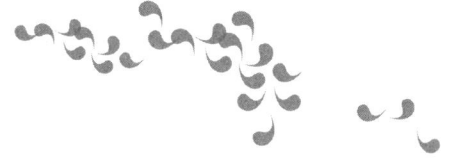

Stärkende Momente als wichtiger Ausgleich

Kleine Momente der Freude,
die deine Tränen für einen Moment
trocknen, den Schmerz für einen
Augenblick ausblenden, und dich
kurz entspannt durchatmen lassen ...

Ausnahmesituationen stellen für Körper und Seele eine extreme Belastung dar.

Kleine Momente, die Ihnen das Gefühl geben, wenigstens kurz aufatmen zu können, sind daher außerordentlich wichtig.

Seele und Körper bedingen sich gegenseitig. Hat der Körper die Möglichkeit, sich zu erholen, profitiert davon auch die Seele – und umgekehrt.

Haben Sie daher kein schlechtes Gewissen, wenn Sie sich etwas gönnen. Wir vermissen unsere Lieben, die gegangen sind, dadurch nicht weniger. Im Gegenteil. Ich glaube, wir machen sie damit sogar glücklich, wenn sie merken, dass wir ganz langsam unser Leben wieder in den Griff bekommen.

Gönnen Sie sich mit der Zeit wieder kleine Momente der Freude. Wir können selbst so viel dazu beitragen, dass wir uns besser fühlen.

Das Leben kann so schön sein. Dennoch. Und indem wir versuchen, uns ein wenig zu verwöhnen, können wir heil werden.

In der Farbtherapie ist grün die Farbe der Heilung. Vielleicht möchten Sie sich eine grüne Decke zulegen?

Um in den jeweiligen Momenten eine Idee zu haben, was ich mir Gutes tun könnte, habe ich eine Liste von Dingen erstellt, die mir Freude bereiten.

Ich versuchte, immer wieder einige Aktivitäten dieser Liste in meinen Alltag einzubauen. Neue Ziele vor Augen zu haben – und seien sie noch so klein – kann helfen, die Tage wieder in einem positiveren Licht zu sehen.

Hier finden Sie – als Anregung – einige Ideen aus meiner Liste:

- sich mit der Familie oder mit Freunden treffen
- mit den Katzen spielen
- die Katzen streicheln
- dem Gesang der Vögel zuhören
- zirpenden Grillen lauschen
- an Blumen riechen
- natürliche Duftöle oder -sprays verwenden
- im Garten arbeiten
- spüren, wie heilsam frische Luft sich anfühlt
- auf der Terrasse sitzen
- bei geöffnetem Fenster dem Klang des Regens zuhören
- Sommerwärme genießen
- barfuß laufen
- Eis essen
- Einkaufsbummel machen
- Buchhandlungen oder Möbelhäuser besuchen
- Kaffee oder Tee trinken
- gemütlich frühstücken
- frisch gepressten Orangensaft trinken
- Obst oder Salate essen
- lesen
- Kataloge oder Zeitschriften betrachten

- fernsehen
- Sport treiben
- schreiben
- Listen erstellen, z. B. : „Was wünsche ich mir, was möchte ich ändern?"
- Möbel umräumen, Wohnung neu dekorieren
- Kleider oder andere Dinge ausmisten und an Wohltätigkeitsorganisationen geben

Disziplin

Gestalte Deine Routinearbeit so
angenehm wie möglich,
sodass kein Druck oder Zwang,
sondern möglichst ein angenehmer
Nebeneffekt entsteht.

Disziplin verlangt von uns zuallererst eine gewisse Planung. Dass man seinem Alltag eine gewisse Struktur gibt oder auch mit To-do-Listen arbeitet, kann sehr unterstützend sein. Gerade in der ersten Trauerphase kann eine gewisse Regelmäßigkeit, ein Rhythmus im Alltag, sehr beruhigend wirken.

Da man in Ausnahmesituationen sehr leicht aus dem Gleichgewicht geraten kann, gehört alles, was uns eine gewisse Stabilität gibt, zu den Dingen, die uns weiterhelfen.

Wie leicht neigt man dazu, sich in solchen Situationen gehen zu lassen, nicht mehr auf seine Körperpflege und eine gesunde Ernährung zu achten. Was zunächst erleichternd erscheint, macht es in Wahrheit nur noch schlimmer.

Daher bemühe ich mich grundsätzlich – und in Ausnahmesituationen ganz besonders –, stets eine gewisse Routine aufrechtzuerhalten.

Unser Körper arbeitet täglich vierundzwanzig Stunden für uns und beklagt sich oft erst, wenn es nicht mehr geht. Oft fehlen ihm Schlaf, Bewegung oder eine gesunde Ernährung. Helfen Sie Ihrem Körper, die anstrengenden Phasen leichter durchzustehen, indem Sie ihn so gut es geht unterstützen und auf sich achten.

Sport oder auch nur ein kleiner Spaziergang können uns helfen, wenn wir innerlich vor Trauer fast wie gelähmt sind. Selbst wenn Sie nur einkaufen gehen oder kleine Erledigungen machen, ist das schon viel wert, denn Sie sind in Bewegung, „unter Leuten" und ziehen sich nicht nur zu Hause zurück.

Organisationspläne und Listen

Ein klein wenig Organisation
kann gerade in schwierigen Zeiten dabei
helfen, den Überblick zu behalten.

Wenn es gelingt, Zeit einzusparen,
kann diese für andere Aktivitäten,
die einem Freude bereiten,
genutzt werden.

Meist hat man zu wenig Zeit für all die Dinge, die erledigt werden müssen. Zudem kann in der Zeit der Trauer Unkonzentriertheit auftreten. Listen und Organisationspläne können dabei helfen, die Richtung beizubehalten, zeitsparend zu handeln und wichtige Dinge nicht zu vergessen.

Ich arbeite mit einer Wochenliste, die ich bei Bedarf ergänze, sobald mir etwas einfällt, um so die kommenden Tage in groben Zügen einzuteilen.

Auf dieser Liste können Sie auch Ideen notieren, wie Sie sich etwas Gutes tun oder sich verwöhnen können.

Ich schreibe alles kurz und ohne großen Aufwand in einen Terminkalender. Für ausführliche Notizen habe ich ein Notizheft.

Vergeuden Sie keine Zeit für unwichtige Dinge. Überlegen Sie sich, was wirklich nötig ist bzw. was auch auf einen späteren Zeitpunkt verschoben werden kann.

Die gesparte Zeit können Sie für Dinge verwenden, die auf Ihrer „stärkende Momente"-Liste stehen.

Ich werde
dich nie vergessen

Alles erscheint mir so fern wie die Sterne,
und doch so nah in meinem Herzen,
so unvorstellbar fern in Gedanken.

Vor vielen Jahren hörte ich in einer Fernsehsendung, dass die Verstorbenen lebendig bleiben, wenn wir an sie denken. Diese Worte habe ich nicht vergessen.

Vielleicht möchten Sie auch eine Erinnerungsliste machen für die Person, die Sie vermissen.

Manche Dinge, die so typisch für unsere Lieben waren, vergisst man leider sehr schnell. Daher empfehle ich Ihnen, eine Liste anzulegen und dort typische Verhaltensweisen, markante Aussagen oder Eigenarten zu notieren, sobald sie Ihnen wieder einfallen. Diese Liste entfaltet ein sehr reichhaltiges Bild, sodass man, sobald man sie zur Hand nimmt, den Eindruck hat, der Verstorbene sei für einen kurzen Moment wieder da.

Meist kommen mir beim Lesen die Tränen. Doch in diese Traurigkeit mischt sich auch ein gewisses Glücksgefühl. Das Glück, sie gekannt zu haben.

Jedes Wort erzählt für mich eine Geschichte.

Hier ein kleiner Ausschnitt aus der Erinnerungsliste für meine Mutter:

- Sie zitierte gerne den Spruch, dass man erst versuchen solle, sich in die Lage des anderen zu versetzen, bevor man über ihn oder eine Situation urteilt.
- Wenn etwas nicht funktioniert hatte, ermutigte sie uns Kinder, es einfach noch einmal zu versuchen.
- Sie nannte ihr Fahrrad immer „mein Cabrio".
- Ihre Stimme war der meinen so ähnlich.
- Sie hatte so schöne Hände.
- Ich liebte unsere gemeinsamen Einkaufsbummel oder wenn wir miteinander frühstücken oder Kaffee trinken gingen.
- Sie sah jeden Tag als Geschenk, seitdem sie die Krebsdiagnose erhalten hatte.
- Sie liebte das Singen im Kirchenchor, es gab ihr Kraft und Stärke.

- Ihr hellblauer Lidstrich passte so gut zu ihr.
- Sie kochte so gut.
- Alle Festtage waren immer so entspannt und gemütlich.
- Ich erinnere mich so gerne an unsere schönen USA-Touren.
- Als ich klein war, schnitt sie mein Brot immer in ganz kleine Stücke.
- „Iss nicht die Schokolade. Morgen wirst du froh darüber sein, wenn du sie nicht gegessen hast."
- Sie las gerne die Zeitung und sah sich die Nachrichten und wissenschaftliche Sendungen an.
- Wie oft sagte sie abends: „Ich fahr' noch schnell zur Post."
- Sie sagte immer „mein Freund" zu Gott und deutete dabei mit dem Finger nach oben.
- Sie war zu tiefen und ernsthaften Gesprächen fähig und hatte dennoch „den Schalk im Nacken".
- Sie lachte so gerne.
- Sie fand es gut, wenn Menschen bereit waren, „über den Tellerrand hinauszuschauen".
- Für sie war nichts selbstverständlich.
- Sie liebte das Leben.
- Sie liebte Natürlichkeit und Menschlichkeit, der Mensch war ihr wichtig.

- Auch Frieden unter den Menschen war ihr sehr wichtig.
- Sie liebte Tiere und war, wie meine Schwester und ich, Vegetarierin.
- Sie versuchte, immer das Gute in allem zu sehen.
- Sie liebte die Natur und ging gerne spazieren.
- Sie war sehr mitfühlend.
- Sie sah Probleme als Herausforderungen, an denen man wachsen kann.
- Sie liebte es, zu backen und andere damit zu verwöhnen.
- Sie sagte immer wieder, dass Gott auch Unmögliches möglich machen könne, und machte damit vielen Menschen Mut.
- Sie liebte das Gefühl von Fernweh und Aufbruch auf Bahnhöfen und Flughäfen.
- Sie hat mir so viel aus ihrer Kindheit erzählt.
- Sie liebte es, über das Leben zu philosophieren.
- Manchmal sagte sie, ich sei fast eine Kopie von ihr, so ähnlich waren wir uns in Vielem.
- Sie liebte weise Sprüche und Spruchkarten.
- Franz von Assisi war ein großes Vorbild, und sie war sehr interessiert an Hildegard von Bingen.

Schreiben Sie es heraus

Schreiben kann so befreiend wirken,
leere all deine Belastungen
und all deine Liebe aus auf das Papier.

Als Einstieg können Sie z. B. einen Brief an den Verstorbenen schreiben. Was möchten Sie ihm noch sagen?

Es heißt, sie könnten uns noch immer hören, und es sei niemals zu spät, ihnen das zu sagen, was wir zu ihren Lebzeiten nicht mehr geschafft haben.

Ein Freund erzählte mir, er würde oft daran denken, wie schön es gewesen wäre, wenn sein Vater, den er sehr geliebt hatte, seinen Enkel noch hätte kennenlernen dürfen.

Er wünschte sich, später zu seinem Sohn auch einmal so ein gutes Verhältnis zu haben, wie er es zu seinem Vater gehabt hatte – nur mit dem Unterschied, dass er dann der Ältere wäre.

Ich sagte ihm, dass sein Vater bestimmt noch alles mitbekäme und sicher auch seinen Enkel sehen könne. Das machte ihn glücklich. Allein die Vorstellung sei schön, auch wenn er bei solchen Dingen eher skeptisch sei.

Neben sportlicher Betätigung oder irgendeiner anderen Art von Bewegung ist das Schreiben sicher eine der besten Möglichkeiten, Gefühle zu verarbeiten.

Vertrauen Sie all Ihre Sorgen dem Papier an.

Briefe an meine Mutter

Ich entzünde
Wunderkerzen für dich.

Eine Freundin meiner Mutter erzählte mir, dass sie nach dem Tod ihrer Mutter angefangen hatte, Briefe an sie zu schreiben, und dass ihr das sehr gutgetan hätte. So begann ich, in den ersten Wochen nach dem Tod meiner Mutter, ihr einige längere Briefe zu schreiben. Das half mir sehr. Vielleicht möchten Sie das auch tun.

Im Folgenden finden Sie Ausschnitte aus verschiedenen Briefen an meine Mutter:

... Ich weiß nicht, wie ich anfangen soll. Ich fühle noch eine solche Verbindung zu dir. Ich hoffe so sehr, dass es dir gutgeht.

... Ich bin so dankbar für alle Menschen, die mir, seitdem du nicht mehr da bist, zur Seite gestanden haben. Die Katzen helfen mir auch sehr.

... Um mich herum ist die Welt eingestürzt. Alles ist dunkel. Und dennoch ist da etwas in mir, das mich stützt wie eine feste Säule. Ich weiß nicht, wie ich es beschreiben soll, ich nenne es meine Säule des Glücks. Es ist, als würde ich in all der Schwäche von irgendeiner Kraft gehalten.

... Ich bin jetzt aktiver und gehe mehr auf die Menschen zu. Du willst mich auch glücklich und gesund sehen, da bin ich sicher. „Man kann so vieles lernen", hast du früher immer wieder gesagt, „auch wenn man es sich vorher oft nicht hat vorstellen können."

... Alles kam so überraschend. Wir konnten uns nicht wirklich verabschieden. Du musstest dein Leben loslassen.

... An dieses Loslassen-Müssen habe ich oft gedacht, wenn ich das Haus aufgeräumt und Sachen aussortiert habe und es mir schwerfiel, mich von manchen Dingen zu trennen. Ich sagte mir dann immer, dass du gar keine Wahl hattest und nichts mitnehmen konntest.

Das machte es mir meist sofort leichter, Dinge herzugeben, die ich gerne behalten hätte aber eigentlich gar nicht mehr brauchte. Man braucht so wenig, um glücklich zu sein.

… Mir fehlt deine gute Freundschaft, dein Humor, deine Zuversicht, deine Gutmütigkeit, deine Stärke.

… Ich denke so gerne an unsere Leseabende zurück oder wenn wir über das Leben philosophiert haben. Wir haben so oft gelacht – und manchmal haben wir auch zusammen geweint.

… Alles erscheint mir so fern. Ich kann mir gar nicht mehr vorstellen, dass wir so viel miteinander geredet haben. Es ist wie ein neues Leben, seitdem du weg bist. Der Himmel ist immer noch blau, und die Sonne scheint auch immer noch. Ich fahre im Auto, ohne dich. Ich schaue auf den Sessel, auf dem du immer gesessen hast, und der Sessel ist leer. Ich vermisse dich. Es ist Herbst geworden. Der Sommer wärmte mein frierendes Herz, nachdem du gestorben warst.

… Als ich das letzte Mal auf dem Friedhof war, hat es mir wehgetan, dort zu sein. Du schienst so weit entfernt. Ich glaube, es war schmerzlich für mich, zu sehen, dass alles tatsächlich wahr ist. Es hat mir so leid getan für dich, dass du sterben musstest.

… Alle Tränen der Welt können dich nicht zurückholen. Ich vermisse dich. Irgendwie habe ich dennoch das Gefühl, dass du gut behütet bist. Wahrscheinlich bist du gegangen, weil du deine Aufgaben hier vollendet hattest.

Ich hoffe, es geht dir gut. Ich hab dich lieb.

Liebe Grüße in die Ferne – oder wo auch immer du bist.

Lachen ist Heilung

Vergiss nie das Lachen.
Es kann dauern, bis es wiederkehrt,
doch wenn es kommt, öffne ihm die Tür.

Einige Tage nach der Beerdigung meiner Mutter zeigten wir dem Mann meiner Schwester Heidelberg, und bei der Führung besuchten wir auch die Heiliggeistkirche. Es gab dort eine Wand, an der Zettel befestigt waren, auf die die Menschen, die eine Kerze angezündet hatten, ihre Wünsche geschrieben hatten. Das glitzernde Flammenmeer der zahllosen Kerzen war ein unglaublich tröstlicher Anblick.

Als wir aus der Kirche heraustraten, flüsterte ich meiner Schwester weinend ins Ohr: „Hättest du eben auch so gerne eine Kirche angezündet?" Sie sah mich an, nickte wortlos und als wir merkten, was ich eigentlich gesagt hatte, mussten wir beide lachen.

Für einen kleinen Moment hatte sich der Tag erhellt, obwohl es in unserem Inneren dunkel war.

Auf der anderen Seite bekam ich Schuldgefühle, wenn ich lachen musste. Es kam mir vor, als ob es der Situation nicht angemessen sei, wenn ich fröhlich war. Es dauerte lange, bis ich auf die Frage, wie es mir gehe, „gut" antworten konnte, ohne ein schlechtes Gewissen zu haben. Ich hatte das Gefühl, ich dürfe nicht zugeben, dass es auch wieder schöne Momente in meinem Leben gab. Heute weiß ich, dass das eine mit dem anderen nichts zu tun hat und man lachen und gleichzeitig trauern kann.

Wir lieben die Verstorbenen nicht weniger, wenn wir uns wieder erlauben, zu lachen oder glückliche Momente zu erleben. Wir lieben sie dennoch. Ich las das erst nach vielen Monaten irgendwo im Internet und fühlte mich unglaublich erleichtert. Endlich hatte ich das Gefühl, wieder glücklich sein zu dürfen.

Sie tun also nichts Schlechtes. Im Gegenteil, Sie helfen sich, zu heilen. Das ist etwas Gutes. Es ist wichtig.

Ein lieber Freund schrieb mir damals, dass mein Lachen mir irgendwann wieder den Weg erhellen würde. Ich fühlte mich damals noch sehr schlecht und konnte es mir nicht vorstellen. Doch seine Worte machten mir Mut.

Unsere Aufgaben
sind jetzt hier

Jeder Tag ist kostbar.

Es kann nicht sinnvoll sein, nur noch zu trauern.

Und auch nicht, von dieser Erde gehen zu wollen, weil Menschen gestorben sind, die wir sehr geliebt haben und die es niemals wollen würden, dass es uns deshalb schlecht geht oder gar, dass wir nichts sehnlicher wünschen, als bei ihnen zu sein. Und wenn eine unserer Aufgaben darin bestehen sollte, mit dem Tod eines geliebten Menschen zurecht zu kommen, dann sollten wir versuchen, uns dem zu stellen.

Es heißt, dass jeder, der sein Leben selbst beendet, mit genau denselben Herausforderungen, die er sich für dieses Leben gestellt hatte, wieder von vorn beginnen muss.

Eine meiner besten Freundinnen sagte kurz nach dem Tod meiner Mutter zu mir: „Irgendwann werden wir uns alle wiedersehen, und dann wird die Freude groß sein. Doch bis dahin sind wir hier, auf dieser Erde, und haben unsere Aufgaben zu erfüllen."

Ich glaube, dass Trauer wichtig ist, dass sie jedoch auf eine Art und Weise gelebt werden muss, die uns letztlich wieder gesund und „selbst"-ständig werden lässt.

Wir sollen sie
nicht festhalten

Noch mehr als wir trauern,
sollten wir loslassen.

Sie müssen frei sein
für ihren neuen Weg –
und wir für unseren.

Lasst sie für immer
in euren Herzen wohnen
und gebt sie dennoch frei.

Loslassen ist schwer.

Doch es ist nicht gut, sie festhalten zu wollen, wenn sie gegangen sind.

Das war mir von Anfang an wichtig.

Ein guter Freund hatte gleich nach dem Tod meiner Mutter zu mir gesagt: „Sie dürfen noch im Herzen wohnen, doch ansonsten sollte man sie loslassen."

Im Herzen werden sie immer bei uns sein.

Wünsche und Träume

Was ist wichtig?

Als meine Mutter gestorben war, geriet alles aus den Fugen. Ich begann, mein ganzes Weltbild, mein ganzes Leben neu zu überdenken. Es war, als hätte sich die Welt verlangsamt, und als würde ich alles wie in Zeitlupe erleben. Ich begann, alles zu hinterfragen. Was wollte ich beibehalten, was wollte ich ändern?

Ich wusste nur eines: Ich wollte mein Leben nicht sinnlos verbringen, doch zugleich war mir auch klar, dass ich momentan nicht in der Lage war, viel zu ändern.

Ich schrieb auch hierzu eine Liste und las zudem von der Idee eines „Wunschzettels", den ich mit Wünschen, Träumen und Ideen füllte.

Diese Listen können Ihnen helfen, wieder ins Leben zurückzufinden. Ich begann langsam, einige Dinge zu ändern, oft nur Kleinigkeiten.

Ich hatte schon öfter gehört, dass man bei der Umsetzung von neuen Ideen nicht mit einem sofortigen Erfolg rechnen sollte. Das sei einfach zu viel verlangt.

In Gedanken könne man schon einige Dinge umsetzen, doch erst nach etwa einem halben Jahr sei damit zu rechnen, auch in der Realität Änderungen zu sehen.

Wenn man sich dies vor Augen führt, nimmt es einem den Druck, und man kann gelassener handeln.

Ihre Seele will
wieder leben

Wir sind alle völlig unterschiedlich,
jeder ist auf seine Art ein Original.

Und in dieser Einzigartigkeit
haben wir alle unsere Bestimmung.

Ihre Seele will wieder leben. Sie will wieder heil werden. Ich wünsche Ihnen, dass Sie das irgendwann spüren. Sie haben Ihre ganz eigenen Träume und Lebensvorstellungen.

Wenn sich diese Wünsche oder Impulse wieder melden, ist das eines der ersten Zeichen, dass die Wunde beginnt, sich ganz langsam zu schließen, ganz langsam zu heilen, auch wenn dieser Prozess noch Monate dauern kann.

Unsere Träume und Wünsche sind es, die uns ausmachen, und natürlich die Liebe, die wir empfinden.

Als ich nach dem Tod meiner Mutter dachte, nie mehr schreiben zu können, spürte ich sehr schnell, dass meine Träume mich immer noch leise riefen. Sie wollten nicht, dass ich sie und mich und dieses Leben im Stich ließ. Sie waren nicht aufdringlich, sie waren wie rettende Hände.

Ich habe festgestellt, dass uns oft die Dinge nach wie vor guttun, die uns auch vorher schon Freude gemacht haben. Diese liegen immer noch wie Schätze in uns verborgen. Wir müssen sie nur wieder bergen, wie einen Schatz.

Vergessen Sie
das Leben nicht

Unbezahlbare Dinge:

Freundschaft

Liebe und Glück

Neben unserer Arbeit, die wir täglich bewältigen müssen, und den organisatorischen Tätigkeiten, die einfach notwendig sind, gibt es sehr viele Dinge, die eigentlich unnötig sind oder uns zusätzlich belasten. Ich denke, man kann versuchen, bestimmte Routinetätigkeiten einfach seltener auf seine „To-Do"-Liste zu setzen, um ein wenig mehr freie Zeit für sich, andere und seine Hobbys zu haben.

Einen Beruf auszuüben, mag sehr schön sein, doch ohne die Zuwendung derer, die wir lieben, ohne die Vertrautheit zu unseren Freunden, ohne die Zuneigung unserer Tiere, wird alles kahl und leer.

Unser Privatleben ist so wichtig. Wir sollten auch einmal alle Strukturen, die uns von außen auferlegt werden, vergessen und uns einfach nur entspannen und die Seele „baumeln" lassen. Oftmals kommen gerade dann die besten Ideen.

Das Leben ist so vielfältig und schön. Irgendwann – wenn es Ihnen wieder besser geht – werden Sie auch wieder dazu kommen, an die positiven Dinge des Lebens zu denken.

Vergessen Sie Ihr Leben und Ihre Lieben, die hier sind, nicht.

Können Sie vielleicht anderen helfen?

Man kann immer etwas Gutes tun.

Schon ein Lächeln oder ein Händedruck
können unendlich wertvoll sein.

Eine sehr gute Möglichkeit, sich auf neue Gedanken zu bringen, besteht darin, anderen zu helfen. Sie müssen das nicht tun. Es ist nur eine Idee. Vermutlich wird das in den ersten Monaten ohnehin kaum möglich sein.

Gibt es vielleicht etwas, das gerade Sie besonders gut können? Viele Hilfseinrichtungen sind aus Notsituationen heraus entstanden. Vielleicht gibt es Ihnen ein wenig Kraft, sich zu engagieren und zugleich etwas Gutes zu tun, zu helfen. Unsere Hilfe kann dazu beitragen, dass diese Welt ein klein wenig heller wird.

Meine Mutter betreute viele Jahre lang ältere Menschen im Altersheim. Ihr war es wichtig, ihnen zuzuhören. Meine Tante fährt Essen für Hilfsbedürftige aus. Die zweite Frau meines Vaters gründete mit meinem Vater eine Selbsthilfegruppe, nachdem sie eine seltene Autoimmunerkrankung bekommen hatte. Man kann Hunde, die in Tierheimen leben, ausführen oder seine Hilfe bei allen möglichen anderen gemeinnützigen Einrichtungen anbieten.

Möglicherweise kann die jetzige Situation – so ausweglos sie zunächst erscheinen mag – sogar ein Anlass für Sie sein, etwas zu tun, was Sie schon immer tun wollten?

Wäre eventuell heute der richtige Zeitpunkt, damit anzufangen? Könnte es Ihnen vielleicht gerade jetzt helfen, mit etwas ganz Neuem in Ihrem Leben zu beginnen?

Manche werden
Sie verstehen,
manche nicht

Jeder Mensch geht anders mit Trauer um,
denn jeder empfindet anders.

Wer es nie erlebt hat, kann es wohl nicht wirklich verstehen.

Manche Menschen können nicht nachvollziehen, was Trauernde empfinden. Sie haben es vielleicht nie erlebt. Auch ich habe es vorher nicht in all der Tiefe verstanden. Manche Menschen haben noch nie jemanden verloren, der ihnen sehr nahe stand. Es erscheint wie eine andere Realität.

Falls niemand da sein sollte, der Sie versteht oder mit dem Sie reden können, dann geben Sie bitte dennoch nicht auf.

Glauben Sie an sich, halten Sie durch.

Vielleicht hilft es Ihnen zunächst schon, Ihre Gedanken nie-
derzuschreiben. Aber wenn Sie das Gefühl haben, Hilfe durch
Fachleute zu benötigen, erkundigen Sie sich nach Möglichkeiten.

Ich las Bücher über den „Sinn des Lebens" und das „Leben danach", ich redete mit meinen engsten Freunden und Verwandten
und zog mich zurück. Das tat mir gut.

Jeder hat jedoch andere Bedürfnisse und muss daher schauen,
was für ihn das Richtige ist.

Wenn andere denjenigen
nicht mehr erwähnen

In jeder Träne
spiegelt sich dein Bild.

Meine Mutter sagte einmal: „Und dann ist man vergessen, nur vielleicht von denjenigen nicht, die einem am nächsten waren."

Menschen können sehr schnell „vergessen" werden, als ob es sie nie gegeben hätte. Es scheint fast so, als dürfe man sie nicht mehr erwähnen – vielleicht, um nur ja keinen Schmerz aufkommen zu lassen … In den ersten Tagen nach dem Tod meiner Mutter wollte ich jedem alles über sie erzählen. Jede Kleinigkeit erinnerte mich an sie.

Nach einigen Monaten erwähnte sie kaum noch jemand. Zum Glück sprachen aber zwei meiner Freundinnen weiterhin ganz normal über sie. Das tat so gut.

Ein Freund von mir drückte es am ersten Todestag seines Vaters mit diesen Worten aus: „Für alle anderen ist es eben nur ein ganz normaler Tag." Heute erwähne ich meine Mutter ganz einfach, wenn mir danach ist.

Kommen Sie sich nicht seltsam vor, wenn Sie das Bedürfnis haben, über den Verstorbenen zu reden! Ich hoffe, Sie haben Menschen um sich herum, mit denen Sie das tun können.

Manchmal habe ich aber auch das Gefühl, dass Menschen in ihrer Trauer nicht gestört werden oder vielleicht nur mit ihren engsten Freunden und Angehörigen darüber reden möchten. Und manchmal wissen die anderen oder auch man selbst einfach nicht, wie man sich verhalten soll.

Ein kurzes „Es tut mir so leid." oder „Ich weiß gar nicht, was ich sagen soll." reicht aber manchmal schon aus. Oft genügt ein Händedruck oder ein mitfühlender Blick, wenn es vielleicht besser ist, zu schweigen.

Wenn andere
zu viel fragen

Lass dich nicht verwirren,
keiner meint es böse,
jeder erzählt nur seine Geschichte.

Ziehe eine goldene Grenze
und vergiss einfach so manches
gut gemeinte Wort.

Es gibt aber auch Menschen, die nicht aufhören zu fragen. Die nicht merken, dass man gar nicht darüber reden möchte, oder auch nicht spüren, wie schlecht es einem gerade geht. Die sehr unschöne Fragen stellen können oder Ratschläge geben, die überhaupt nicht zu Ihnen passen. Auch in solchen Fällen meint es sicher niemand böse.

Sie können dann z. B. einfach sagen: „Entschuldigen Sie, aber ich möchte nicht darüber reden."

Manche Menschen merken oft nicht, dass sie zu weit gehen. Jeder ist anders. Jeder Mensch hat andere Grenzen. Weisen Sie andere notfalls auf Ihre Grenzen hin.

Jeder erzählt einem eine Geschichte. Viele dieser Geschichten können unglaublich guttun. Die anderen sollte man wieder vergessen.

Fehler und Schuldgefühle

Das Umwandeln belastender Gefühle
in eine positive Handlung kann
dabei helfen, diese Gefühle
zu verarbeiten.

Keiner von uns ist vollkommen. Über manches haben wir einfach keine Kontrolle. Man wird nie alles richtig machen können. Das Leben ist oft nicht vorhersehbar in seinen unterschiedlichen Situationen und zahllosen Lektionen.

Wir können uns nur bemühen. Das ist möglich und das sollten wir auch unbedingt tun. Und wir können versuchen, uns und anderen zu verzeihen.

Vielleicht führen uns so manche Fehler auch nur zu einer neuen Denkweise. Vielleicht sollen wir aus manchen Fehlern etwas für unser Leben lernen oder etwas ändern. Vielleicht kann man auf diese Weise so manchem Fehler im Nachhinein noch etwas Gutes abgewinnen.

„Ich habe niemandem wehtun wollen, es war wirklich nicht meine Absicht ..." Ein solcher Satz kann einem schon dabei helfen, sich selbst zu verzeihen. Auch andere haben es vielleicht nicht so gemeint. Wenn wir uns dies ganz bewusst machen, ist es uns eventuell leichter möglich, Verletzungen und Enttäuschungen zu verarbeiten.

Manchmal ist es besser, etwas versucht zu haben, statt passiv geblieben zu sein, nur weil man kein Risiko eingehen wollte.

Bei allen Dingen, die Menschen tun, können sie auch Fehler machen. Wenigstens kann man aus Fehlern lernen, auch wenn man sie meist nicht mehr rückgängig machen kann.

Und manchmal verurteilen wir uns oder andere auch für etwas, das wir gar nicht zu verantworten oder gar falsch gemacht haben. Daher ist es wichtig, sich die jeweiligen Zusammenhänge und Hintergründe vor Augen zu führen.

Schuldgefühle bringen uns nicht weiter. Ebenso hindert es uns am Vorwärtsgehen, wenn wir selbst jemandem nicht verzeihen können. Im Gegenteil. Es hält uns fest in unguten Gefühlen.

Vielleicht gelingt es Ihnen in irgendeiner Form, aktiv zu werden und weiterzugehen, statt stehen zu bleiben.

Vielleicht könnte es Ihnen helfen, diese belastenden Gefühle in sinnvolle, wertvolle und gute Aktionen umzuwandeln.

Auch hier wäre wieder zu überlegen, sich an sinnvollen Hilfsprojekten zu beteiligen, derer es so viele gibt .

Vielleicht können sich die belastenden Gefühle dann sogar ganz langsam auflösen, auch wenn man vermutlich nie vergessen wird, was passiert ist.

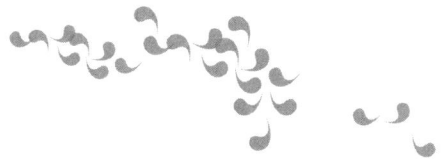

Was sagt man Kindern?

Über allem schwebt ein Licht,
das uns liebt und uns beschützt.

Auch wenn wir vieles nicht verstehen
und manches anders aussieht als es ist.

Doch glaube mir: Es gibt ein Licht.

Ich lief mit meinem Vater über den Friedhof. Ich muss noch sehr klein gewesen sein, denn um seine Hand zu halten, musste ich meinen Arm beim Laufen fast senkrecht in die Höhe strecken. Es war kalt und stürmisch an diesem Tag. Die Blätter stoben über den Weg des Friedhofs.

Als wir zu dem Grab des Freundes meines Vaters kamen, murmelte er: „Hätte er doch nur nicht so viel geraucht." Das Grab war noch ganz frisch und mit Blumen geschmückt. Wir standen eine Weile dort und ich verstand, dass der Tod kein lustiges Thema ist.

Was sagt man einem Kind? Ich empfehle, grundsätzlich sehr vorsichtig mit dem Thema umzugehen. Es ist schon für Erwachsene schwer genug – wie soll dann ein Kind es begreifen?

Man kann z. B. erklären, dass man sehr traurig ist, weil jemand, den man sehr lieb hatte, nun nicht mehr hier ist, und dass es helfen kann, wenn man seine Traurigkeit mit seinen Tränen herauslässt. Ich würde davon abraten, die Trauer zu verbergen.

Als die Großmutter einer Freundin gestorben war, erklärte diese ihrem Sohn, dass Oma jetzt oben auf einer Wolke – inmitten einer Wiese – sitzen würde und von dort weiterhin alles sehen könne.

Eine andere Freundin erklärte ihrer Tochter, Oma und Opa seien jetzt im Himmel und der Friedhof sei ein Ort, an dem man an die beiden denken könne. Oma und Opa könnten von oben durch ein Fenster nach unten sehen und würden sich immer freuen, dass man dort an sie denkt. Ihre Tochter wollte daraufhin wissen, ob es dort oben denn auch genügend Platz für alle Menschen gäbe, die dorthin kämen, worauf sie antwortete: „Ja, da ist genügend Platz". Und ob sie dort auch arbeiten würden? „Nein, sie haben immer Urlaub."

Menschen oder Tiere

Wir sind alle eins, wir gehören zusammen,
wir kommen aus der einen Quelle.

Jeder Abschied, sei er von einem Menschen oder von einem Tier, kann zutiefst wehtun.

Ich denke, Liebe ist Liebe und Gott macht da keine Unterschiede.

Tiere gehören für mich zur Familie. Ich schmelze dahin, wenn ich in die grünen Augen meiner Katzen sehe, die wie Edelsteine funkeln.

Unsere Tiere lieben uns bedingungslos, und daher ist deren Wert für mich mit keinem Geld der Welt aufzuwiegen.

Manche Menschen haben jedoch keinen Bezug zu Tieren. Sie wissen nichts von der Liebe, die sich zwischen Mensch und Tier entwickeln kann. Manche von ihnen können nicht verstehen, warum man um ein Tier trauern kann.

Sie kennen einen Teil der Welt nicht so, wie wir ihn kennen. Daher kommen wir, die wir einen treuen Freund verloren haben, ihnen vielleicht ein wenig seltsam vor.

Wenn Sie erklären möchten, warum Sie so traurig sind, jedoch befürchten, auf Unverständnis zu stoßen, dann können Sie einfach sagen, es sei jemand gestorben, den Sie sehr mochten. Das entspricht ja auch der Wahrheit.

Es ist immer zu früh

Es ist immer zu früh,
wenn man jemanden liebt
und ihn loslassen muss.

Der Schmerz und das Vermissen zählen
und die Liebe,
nicht die Anzahl der Jahre.

Es ist immer zu früh,
auch wenn es für denjenigen,
der gegangen ist,
eine Erlösung gewesen sein mag.

Es ist immer zu früh, wenn man liebt.

Ich glaube, dass es immer wehtun wird, wenn man jemanden
loslassen muss.

Die Trauerphasen

Trauer ist etwas sehr Persönliches.

Je näher man einer Person stand,
desto größer ist der Schmerz.

Nimm dir die Zeit, die du brauchst!

Jeder trauert auf seine eigene, ganz persönliche Weise. Dennoch hat sich bei Untersuchungen herausgestellt, dass bei den meisten Menschen die Trauerarbeit in ganz bestimmten Phasen abläuft.

Im ersten Moment gerät man wie in eine Art Schockzustand, als würde man die Situation von außen betrachten und sie nicht realisieren können.

Manche Menschen müssen nicht einmal weinen, funktionieren wie eine Maschine und erfüllen zielgerichtet eine Aufgabe nach der anderen.

Immer wieder fragt man sich, ob das alles wahr ist, was passiert ist. Diese erste Phase der Trauer kann Monate andauern.

Je mehr man realisiert, was geschehen ist und je mehr man merkt, dass alles wahr ist, desto stärker können nun alle Arten von Gefühlen aufkommen. Es kann sein, dass man in dieser Phase sehr häufig weinen muss.

Die psychische Belastung kann in dieser Phase extrem hoch sein. Oft fühlt man sich auch körperlich sehr kraftlos. Man kann unkonzentriert werden, Fehler machen und Angstzustände oder Gereiztheit können auftreten.

Es ist auch möglich, dass man in dieser Phase beginnt, an sich selbst zu zweifeln, doch das ist in Anbetracht der hohen Belastung völlig verständlich.

Auch in dieser Phase kommt es ganz auf die Person und die äußeren Umstände an, wie lange sie anhält.

Die dritte Phase der Trauer beginnt, wenn man langsam wieder anfängt, das Leben zu genießen und man Träume und Wünsche wieder mehr und mehr zulassen kann.

Ganz langsam beginnt man zu akzeptieren, was passiert ist. Das ist der Moment, wo diese riesige Wunde, die entstanden ist, beginnt, sich zu schließen und zu heilen. Auch hier kann man keinen genauen Zeitraum angeben.

In der vierten Phase der Trauer hat sich ein neuer Lebensrhythmus aufgebaut. Das Geschehene wurde in das Leben integriert, auch wenn man das, was passiert ist, nie vergessen wird. Man merkt, dass es – trotz allem – lohnenswert ist, dieses Leben zu leben und dass es möglich ist, wieder Freude zu empfinden, auch wenn das anfangs noch sehr selten sein mag.

In dieser Phase ist der Übergang zu einer gewissen Normalität zu spüren, was nicht heißt, dass man den Verstorbenen weniger liebt oder betrauert, auch wenn man versucht, wieder glücklich zu sein oder zu werden.

Dann ist die Trauer zur Narbe geworden.

Es war ein
wunderschöner
Sommerabend

Lege all deine Erinnerungen
wie kostbare Perlen in dein Herz.

Es war ein wunderschöner Sommerabend. Unter anderen Umständen wären wir vielleicht spazieren gegangen.

Stattdessen brach für mich eine Welt zusammen. Sie sagten mir, dass meine Mutter in den nächsten Minuten sterben würde. Doch es dauerte noch zwölf Stunden. Sie stellten mir ein Bett neben das Bett meiner Mutter. Meine Augen waren leer geweint, und bei jeder Bewegung hatte ich das Gefühl, mich übergeben zu müssen. Mein Kopf dröhnte und das Atmen fiel mir schwer. Ich konnte nicht schlafen.

In diesen letzten Stunden drückte meine Mutter zweimal ganz fest meine Hand. Das sind für mich äußerst kostbare Erinnerungen an eine ansonsten schreckliche Nacht. Irgendwann hielt ich es nicht mehr aus. Ich musste wenigstens ein paar Stunden schlafen und hier, an ihrem Krankenbett, konnte ich es nicht. Mir war furchtbar schlecht. Ich hatte Angst, selbst zusammenzubrechen.

Ich wollte vier Stunden schlafen und stellte den Wecker auf acht Uhr. Ich stand jedoch früher auf. Es trieb mich regelrecht aus dem Bett. Als ich gerade losfahren wollte, klingelte das Telefon. Es war genau sieben Uhr. Man sagte mir, sie sei vor zwei Minuten gestorben. Ich weiß nicht mehr, wie ich ins Krankenhaus kam.

Man erzählte mir, dass sie – kurz bevor sie starb – um etwas Wasser gebeten hatte. Danach habe sie aus dem Fenster geschaut. Am Horizont ging gerade hell leuchtend die Sonne auf. Sie sah in die aufgehende Sonne und in diesem Moment starb sie.

Meine Schwester war mit dem nächstmöglichen Flug aus den USA gekommen. Sie lief durch das Gate am Flughafen und fragte leise: „Ist sie …?" Ich nickte und wir fielen uns in die Arme. „Um sieben Uhr", sagte ich noch. Dann gingen wir schweigend Hand in Hand zum Auto und weinten.

Die Krankenschwester, die uns empfing, umarmte meine Schwester und mich ganz fest. Ihre Umarmung gab Geborgenheit. Später erzählte mir eine andere Krankenschwester, dass wir beide völlig hilflos gewirkt hätten. Sie hatten meiner Mutter eine Blume in die Hände gelegt.

Sie war so schön wie ein Engel. Jetzt war sie ein Engel. Kein menschlicher mehr. Sie lächelte und es sah aus, als ob sie nur schliefe, doch alles war still, nichts bewegte sich mehr. Sie war nicht mehr da. Das, was sie ausgemacht hatte, war verschwunden und nicht mehr gegenwärtig.

In den ersten Tagen war mein Brustkorb hart wie Stein, und ich konnte nicht richtig durchatmen. Ich fühlte so viel und war doch völlig stumpf. Ich funktionierte wie eine Maschine und erfüllte eine Aufgabe nach der anderen. Meine Schwester kümmerte sich um den Haushalt und die Katzen. Nach jedem Aufwachen hoffte ich, nur geträumt zu haben.

In der ersten Woche nahm ich fünf Kilo ab. Anfangs aß ich nur Aprikosen und trank sehr viel Wasser. Nach fünf Tagen bat mich meine Schwester, endlich wieder etwas anderes zu essen. Schon beim Gedanken daran hätte ich mich übergeben können. Sie machte mir ein Brot und hielt es vor mich, bis ich hineinbiss.

Ich saß Stunden über der Todesanzeige und hatte jedes Wort abgewogen, bis es genau das ausdrückte, was ich sagen wollte. Etwa eine Woche, nachdem sie in der Zeitung erschienen war, fand ich die Worte erneut in einer anderen Todesanzeige.

Eigentlich hätte ich mich darüber freuen sollen. Irgendjemand hatte meine Worte so schön gefunden, dass er sie Wort für Wort von Neuem verwendet hatte. Doch für mich fühlte es sich an, als hätte mir jemand meine Worte weggenommen, die ich meiner Mutter gewidmet hatte. Alles war noch zu frisch.

Wir sollten das Grab für meine Mutter aussuchen und wählten das hinter einer Catalpa, einem ihrer Lieblingsbäume. Außerdem grenzte eine kleine Wiese daran.

Michael hatte einen Waldgottesdienst gehalten. Ich fuhr dorthin, um ihn abzuholen. Danach wollte er die Beerdigung mit mir durchsprechen.

Er nahm mich erst einmal in den Arm. Die Leute dort waren glücklich und lachten. Ich stand dazwischen und weinte. Es war Hochsommer, die Bäume überragten uns majestätisch, und hinter den Blättern blitzte die Sonne hervor.

Ich betete, dass ich die Beerdigung ganz bewusst miterleben würde. Ich wollte jedes Wort, jedes Lied hören. Ich wollte keine Beruhigungsmittel nehmen. Wir hatten wunderschöne Handsträuße bekommen, rosa Rosen mit Vergissmeinnicht.

Alles sollte so schön wie möglich werden. Ich wollte meiner Mutter einen würdevollen Abschied schenken. Wir suchten die Blumen aus, weiße Rosen mit zum Teil hellrosa Färbung. Ich gab mir selbst keine Sekunde Entspannung. Ich rotierte.

Ich weiß nicht mehr, wie ich in diesen Tagen und Wochen ausgesehen habe, an denen ich fast jeden Abend geweint habe.

Die erste Zeit danach

Nichts ist verloren, niemals.

Im Büro sprach mich keiner darauf an. Man bezog mich überall mit ein, versuchte, mich zum Lachen zu bringen und mir irgendetwas Gutes zu tun. Am Anfang fiel mir das Lachen sehr schwer, doch es half mir, eine andere Welt, jenseits der Trauer, aufzubauen.

Tagsüber hatte ich mich meistens sehr gut im Griff. Meine engsten Freunde bewunderten meine Stärke. Ich musste an die Worte meiner Tante, der Schwester meiner Mutter, denken. Als ihr Mann gestorben war, hatten meine Mutter und ich sie für ihre Stärke bewundert, worauf sie erwidert hatte: „Nach außen wirke ich vielleicht stark und ich versuche auch, es zu sein, aber in mir drinnen ist es ganz dunkel."

Wenn ich arbeiten ging, schlüpfte ich in eine Rolle, sobald ich im Büro war. Auch wenn in meinem Inneren alles schmerzte.

Abends machte ich gelegentlich kleine Touren mit dem Auto. Ich erinnere mich an diesen Platz mit den Picknickbänken, den himmelhohen Birken und daran, dass man an dieser Stelle kilometerweit in die Rheinebene blicken konnte.

Oft weinte ich in den Abend hinein. Wenn ich nach Hause kam war ich froh, meine Katzen um mich zu haben.

In den ersten Monaten half es mir sehr, Bilder von meiner Mutter anzusehen. Doch irgendwann machte es mich unendlich traurig – und ich räumte alle Bilder weg. Später erfuhr ich, dass man eine Weile mit dem Aufhängen oder Betrachten der Bilder warten solle, weil es die Verstorbenen zunächst zu sehr auf dem Weg in ihr „neues Leben" aufhalten würde.

Jeder trauert
auf seine Weise

Jemand, der trauert, ist nicht schwach,
und jemand, der nicht trauert,
verbirgt vielleicht nur seinen Schmerz.

Das muss aber nicht bedeuten,
dass unter der Oberfläche
keine Gefühle verborgen sind.

Gehen Sie Ihren eigenen Weg. Es mag von Situation zu Situation unterschiedlich sein, was das Richtige ist. (Bitte lesen Sie unbedingt auch das nächste Kapitel „Hilfe und Unterstützung".)

Manche empfahlen mir, wegzuziehen und alles, was mich erinnern könnte, herzugeben. Sie schlugen mir auch vor, möglichst viel Zeit außer Haus zu verbringen und so oft wie möglich wegzufahren.

Ich sträubte mich schon dagegen, während ich noch zuhörte. Für mich ist mein Zuhause ein Ort, an dem ich mich sehr wohlfühle. Hier konnte ich mich mit der Situation auseinandersetzen und mir überlegen, wie mein Leben weitergehen sollte.

Mir half es, das Haus auszumisten, weil es mir das Gefühl gab, auch mehr und mehr mein Leben wieder in den Griff zu bekommen. So schaffte ich auch in meiner Seele immer mehr Ordnung.

Inzwischen habe ich vieles hergegeben und halte es auch für sehr sinnvoll, manches zu verändern. Es kann symbolisch den Beginn einer neuen Zeit darstellen. So als gäbe man den „Mantel der Verwundungen" ab.

Manche Dinge jedoch, an denen schöne Erinnerungen hängen, habe ich aufgehoben. Gerade am Anfang kann es jedoch helfen, Gegenstände, die der geliebten Person gehört haben, aufzuheben, wenn sie die einzigen verbliebenen Verbindungen darstellen.

Je mehr sich jedoch das Gefühl gefestigt hat, dass der Verstorbene noch immer im eigenen Herzen gegenwärtig ist, desto eher wird man bereit sein können, Dinge herzugeben oder etwas im Leben zu verändern.

Für mich war es im ersten Trauerjahr eine große Hilfe, mich zurückziehen zu können. Tagsüber war ich unter der Woche ja ohnehin mit meinen Kollegen zusammen und am Wochenende ging ich gerne einkaufen. So war ich unter Menschen, aber dennoch für mich allein.

Die einen müssen sich zurückziehen, die anderen müssen reden. Ich hatte das Bedürfnis nach beidem.

Man sollte sich jedoch nicht dauerhaft zurückziehen, denn dann könnte man so viel Schönes verpassen, was das Leben noch zu bieten hat.

Wir müssen aufpassen. Eine geliebte Person ist gegangen, doch so viele nette Menschen können um uns herum sein, auch viele „menschliche Engel".

Wir können sie nicht wahrnehmen, wenn wir nicht hinschauen.

Hilfe und Unterstützung

Keiner ist schwach, nur weil er sich
um Hilfe für sich selbst bemüht.

Es ist immer eine Stärke,
sich dafür einzusetzen, dass es einem
irgendwann bessergeht
und hierfür nach Möglichkeiten
zu suchen.

Falls Sie das Gefühl haben sollten, Hilfe durch einen Thera-
peuten zu benötigen, können Sie z. B. bei Hospiz- oder Palli-
ativstationen in Krankenhäusern oder auch bei Ärzten nach
speziellen Angeboten zur Trauerbegleitung fragen.

Auch wenn ich selbst das Bedürfnis hatte, mich zurückzu-
ziehen, möchte ich das nicht grundsätzlich empfehlen. Ich muss
betonen, wie wichtig es für mich war, dass in den ersten zwei
Wochen meine Schwester bei mir blieb und ich nicht ganz allein
sein musste.

Zudem arbeitete ich nach diesen ersten zwei Wochen wieder, war also den ganzen Tag unter Menschen.

Vor allem in den ersten Wochen telefonierte ich täglich, manchmal mehrere Stunden, mit meinen engsten Bezugspersonen oder traf mich mit ihnen. Wir trauerten gemeinsam um dieselbe Person, so konnten wir uns auch gegenseitig stützen. Ich wusste, dass ich jederzeit zu ihnen kommen oder sie anrufen konnte.

Als einer meiner Kater starb, fuhr ich für die erste Nacht zu meinem Vater, und die zweite Nacht schlief ich bei einer Freundin. Es ging einfach nicht anders.

Daher möchte ich noch einmal darauf hinweisen, dass es immer auf die jeweilige Situation ankommt. Achten Sie ganz einfach sehr genau auf Ihre Bedürfnisse.

Wenn alles zu viel wird

Reise mit meiner ganzen Liebe
in dein neues Land.

Sei behütet!

Ein halbes Jahr nach dem Tod meiner Mutter wurde einer meiner Kater krank. Ich hoffte bis zuletzt, er würde es schaffen. Als wenige Tage vor seinem Tod meine Schwester anrief, musste ich weinen und sagte: "Ich reiße mich jetzt zusammen.", worauf sie antwortete: „Du musst dich nicht immer im Griff haben. Lass es ruhig raus. Es ist ok, wenn du weinst." Das tat richtig gut. Wir glauben immer, alles im Griff haben zu müssen.

Nach vier Monaten konnten ihm die Tierärzte nicht mehr helfen. Am Abend vor seinem Tod streichelte ich ihn und er schnurrte.

Eine Stunde vor seinem Tod war mir so schlecht wie vor dem Tod meiner Mutter. Ich musste jetzt stark sein, denn ich wollte ihn nicht aufregen. Ich hatte inzwischen den Tipp bekommen, dass es in solchen Situationen hilfreich sein kann, ausreichend Wasser zu trinken und etwas Süßes zu essen, am besten Bananen und Nüsse. Gegen die Übelkeit nahm ich eine Reisetablette.

Als die Tierärztin kam, begann es gerade zu dämmern. Ich streichelte meinen Kater und weinte. So saßen wir in gedämpftem Licht und irgendwann sagte sie leise: „Er ist schon ganz weit weg." Und sie sagte, dass sie gehört hätte, dass manche das Fenster öffnen, um es der Seele leichter zu machen, davonzufliegen. Also machten wir das Fenster auf. Draußen war es inzwischen dunkel geworden.

Ich hatte noch drei Tage Urlaub. Nachdem ich in dieser Zeit noch oft geweint hatte, konnte und wollte ich keine weitere Träne mehr weinen, war aber zugleich tieftraurig. Im Büro ließ ich mir nicht viel anmerken und versuchte, stark zu sein. Meinen Kolleginnen, die wussten, dass mein Kater sehr krank gewesen war, erzählte ich, dass er im Urlaub gestorben sei. „Langsam wird es zu viel. So darf es nicht weitergehen", sagte ich, und sie sahen mich traurig an.

Nachdem ich lange wie eine Maschine funktioniert hatte, war ich jetzt kurz davor, zusammenzubrechen. Mein Körper und meine Seele waren erschöpft und ausgelaugt. Ich war mit den kleinsten Dingen überfordert.

Ich hatte keine Kraft mehr und wollte dennoch auf keinen Fall aufgeben. Zudem war es auch in finanzieller Hinsicht die härteste Zeit. Ich verstand plötzlich, dass nicht einmal ein Dach über dem Kopf selbstverständlich ist.

Bei der Arbeit hatte ich immer wieder das Gefühl zusammenzubrechen. Mir passierten kleinere Fehler, und dies war mir sehr unangenehm. Mehrmals ließ ich über Nacht das Licht an meinem damals fast 20 Jahre alten Auto brennen, schloss mich aus meiner Wohnung aus oder ließ die Herdplatte an, was ich aber zum Glück immer noch rechtzeitig merkte.

Meine engsten Freunde und Verwandten wussten, dass es mir noch nicht gutging, wie schlecht es mir jedoch ging, erwähnte ich nicht. Sie hatten mir schon genug geholfen, und außerdem wurde ich das Gefühl nicht los, dass ich auf keinen Fall schwach sein dürfe. Aus der Rückschau würde ich heute jedem empfehlen, sich in solchen Situationen anderen anzuvertrauen und sich helfen zu lassen.

Einer meiner Freunde hatte mir nach der Beerdigung angeboten, dass ich jederzeit zu ihm kommen könnte, wenn mir alles zu viel werden würde. Er hatte mir so viel Mut gemacht und gesagt, dass alles nach ungefähr einem halben Jahr schon viel leichter sei. Daher traute ich mich nun, nach fast einem Jahr, nicht, ihm zu sagen, dass ich Angst hatte, genau jetzt zusammenzubrechen.

Eine Freundin half mir sehr, indem sie mir riet, mir genau die Zeit zum Trauern zu nehmen, die ich brauchte – egal, was andere dazu sagen würden.

Irgendwann kämpfte ich mich wieder an die Wasseroberfläche. Ich wollte leben und schnappte nach Luft. Dieses Leben war trotz allem so wunderschön …

Monate später, als ich schon gar nicht mehr damit rechnete, kamen auch die Tränen zurück. Ich weinte einige Tage hintereinander jeden Abend, auch wenn ich es gar nicht mehr wollte. Kaum lag ich im Bett, lief alles immer wieder wie ein Film vor meinen Augen ab. Und so weinte ich auch immer mehr die Anspannungen und all die Schmerzen heraus.

Ich musste wieder
ein eigenes Leben
aufbauen

Lass alle Kraft zu dir zurückfließen.

Vertraue auf das Gute.

Dieser Tiefpunkt brachte im Grunde die Wende. Als wäre dadurch die Aufforderung gekommen, mich endlich wieder um mich selbst zu kümmern, um mein eigenes Leben, das ich fast vergessen hatte.

Ich durfte nicht mehr nur in all dem umherirren, was übriggeblieben war, nachdem an diesem einzigen Tag alles explodiert war und in mir eine riesige Leere zurückgelassen hatte.

Ich durfte nicht mehr nur noch in Erinnerungen leben. Ich musste umkehren. Vor mir lag das Leben mit all seinen Möglichkeiten.
Und ich wollte sie nutzen.

Ich wollte glücklich sein, und dasselbe wünschte ich mir für
meine Lieben, hier und dort.

Ich sehnte mich nach dem Leben zurück. Ich sehnte mich nach
Heilung.

Regen und Sonne

Manchmal ist
der Klang des Regens
die schönste Musik.

Ich erinnere mich noch an diesen Tag, als ich das Grab meiner Mutter neu bepflanzen wollte. Es war ein leichter und sanfter Nieselregen, der gerade erst begann, als ich den Friedhof betrat. Der Regen tröstete mich.

Viele mögen den Regen nicht. Er schlägt vielen Menschen auf das Gemüt. Den Regen als wohltuend zu empfinden, kann Sie sehr viel unabhängiger machen.

Vielleicht kann ich Ihnen helfen, den Regen lieben zu lernen.

Dem Regen zu lauschen, kann wie eine Meditation sein. Wenn Regen niederprasselt, empfinde ich das wie Musik, die entspannt.

Ich weiß bis heute nicht, was das Geheimnis des Regens ist. Es ist wie das Erhalten von neuer Kraft und Energie.

Ich mag es am liebsten, wenn ich im warmen Zimmer oder auf der überdachten Terrasse sitze. Sein Klang ist dann wie Musik für mich.

Natürlich liebe ich auch die Sonne und die Wärme. Sehr sogar. Im Sommer fühle ich mich oft wie verwandelt. Er hatte mich so tröstlich gewärmt, als meine Mutter starb.

Ich finde es schön, wenn man die Natur und die verschiedenen Jahreszeiten, genießen und sich an ihren jeweiligen Eigenarten erfreuen kann.

Zeichen der Liebe

Liebe ist das Wichtigste.

Liebe, nur auf sie kommt es an.

Liebe verbindet.

Ich lief über den Friedhof. Ich weiß nicht mehr, wie lange. Es regnete und ich weinte in den Regen hinein. Friedliche Stille lag über den Gräbern. Ich fand mich langsam mit dem Gedanken an den Tod ab. Wie das Umsteigen in einen anderen Zug kam er mir vor, und ich hoffte, ihn noch lange nicht besteigen zu müssen. Und auch all jene nicht, die mir am Herzen liegen.

Es war noch sehr kalt. In den letzten Monaten schienen nicht viele Menschen hier, auf dem Friedhof gewesen zu sein. Mit mangelnder Liebe hatte das sicher nichts zu tun. Genauso wenig wie ständiges Pflegen der Gräber etwas mit Liebe zu tun haben muss.

Ich sah viele kleine Zeichen der Liebe auf den Gräbern. Kleine Engel und Blumen, in Herzform gesetzt. Ich war gerührt von so viel Gefühl. Der ganze Druck fiel von mir ab, ein perfektes Grab gestalten zu müssen. Ich wusste jetzt, dass kaum ein Grab auf diesem Friedhof perfekt war, doch fast alle zeugten von großer Zuneigung. Ich merkte – wieder einmal –, dass es nur auf die Liebe ankommt.

Ich wollte für meine Mutter einen relativ kleinen Grabstein aussuchen. Sie hatte vor vielen Jahren, als sie gerade vom Friedhof gekommen war, gesagt, dass sie einmal nur einen ganz einfachen Naturstein auf ihrem Grab haben wolle. Am schönsten fände sie große Rasenflächen mit kleinen Grabsteinen, so wie sie in USA üblich sind. Das finde ich auch schön. Daher freut es mich auch, dass ihr Grab mit einer kleinen Wiese zum Weg hin abschließt.

Zurzeit steht auf dem Grab meiner Mutter ein schönes verwittertes Eichenkreuz mit dem Spruch „Hier ruht in Frieden …" Meiner Mutter hat Frieden immer sehr viel bedeutet.

Wenn man nicht
dabei war

Ich schicke dir Liebe.

Ich habe oft gehört, dass es sehr schwierig sein kann, wenn man – so wie ich – nicht dabei war, als die geliebte Person starb. Ich bin gegen vier Uhr nachts nach Hause gefahren und meine Mutter starb kurz vor sieben Uhr morgens, zwei Minuten bevor ich losfahren wollte.

Natürlich überlegte auch ich immer wieder, ob ich sie im Stich gelassen hatte. Doch glücklicherweise konnte ich mich daran erinnern, vor vielen Jahren im Fernsehen gehört zu haben, dass es sehr häufig vorkommt, dass die Sterbenden oft genau auf den Moment warten, bis die Angehörigen kurz den Raum verlassen oder genau dann sterben, wenn die Angehörigen nach Hause gehen. Das wurde mir dann auch von einer der Krankenschwestern, die meine Mutter betreut hatten, bestätigt. Sie sagte, dass sie oft den passenden Moment abwarten.

Das tröstete mich sehr. Vielleicht hatten wir auch Angst vor diesem Moment. Wenn wir ehrlich sind. Es ist ein sehr schwerer Moment. Vielleicht hilft uns das, auch ein wenig Verständnis für uns selbst zu entwickeln. Wir sollten versuchen, uns zu verzeihen. Der, der gegangen ist, verzeiht es uns sicher.

Wirklich allein war er in dieser Sekunde sicher nicht, denn es heißt, dass die Sterbenden von lieben Angehörigen oder Freunden abgeholt werden und dass Engel bei dem Übergang zur Seite stehen. Wir lieben denjenigen nicht weniger, nur weil wir nicht dabei waren. Vielleicht sollte es genau so sein.

Warum?

Ich will dennoch an eine gute Kraft
hinter allem glauben.

Auch wenn wir manches einfach
nicht verstehen können.

„Warum hat Gott das zugelassen?" Diese Frage hört man immer wieder. „Wenn es ihn gäbe, hätte er eingegriffen." Auch ich habe schon oft nach dem „Warum" gefragt. Es gibt schreckliche Dinge in dieser Welt.

Auf manche Fragen wird man niemals eine Antwort finden. Man kann nur hoffen, auch mit diesen Fragen leben zu können.

Und es ist vielleicht tröstlich zu hoffen, dass es danach weitergeht und die Verstorbenen irgendwo in Liebe geborgen sind. So können wir hier vielleicht ein wenig leichter loslassen von Fragen, die nicht zu beantworten sind.

Während dieses „Warum" in unserer Welt als Frage im Raum bestehen bleibt, gibt es andererseits Dinge, bei denen wir durchaus die Möglichkeit haben, sie zu beeinflussen.

Wir können ganz langsam versuchen, wieder das Schöne in diesem Leben zu sehen. Gerade wenn wir sehr gelitten haben, sollten wir besonders gut zu uns selbst sein. Vielleicht können wir irgendwann diese Erde und dieses Leben wieder als das Wunder betrachten, das es tatsächlich ist.

Wir können ganz langsam versuchen, heil zu werden. Wir können versuchen, unseren Nächsten anzulächeln. Wir können die Augen nach menschlichen Engeln offen halten. Wir können Hilfe annehmen. Vielleicht wird dann sogar das „Warum" irgendwann ein wenig leichter zu ertragen sein.

Das goldene Band
der Liebe

Die Liebe verbindet.

Die Liebe bleibt.

Ich möchte Ihnen vom goldenen Band der Liebe erzählen. So viele Menschen erzählten mir davon, und ich möchte auch Sie daran teilhaben lassen.

Es heißt, wenn Menschen durch tiefe Freundschaft oder Liebe sehr eng miteinander verbunden sind, würde diese Verbindung auch nach dem Tod weiter bestehen bleiben.

Wie eine Art Energie verbindet die Liebe oder die Freundschaft diese beiden Menschen, auch wenn sie weit voneinander entfernt sind. Ich stelle mir dieses Band gerne wie sanftes goldenes Licht vor.

Diese Liebe oder Zuneigung ist unzerstörbar und besteht weiter zwischen den Welten.

Kleine Geschenke

Schnee fällt leise.
Das weiße Band flattert im Wind.
Dein Name auf dem Kreuz.

Unendliche Liebe weht
von dieser Welt zu deiner.
Und vergeht nie mehr.

Am Grabkreuz meiner Mutter hängt ein Herz an einem weißen Band. Das Herz sieht aus wie aus lauter Diamanten zusammengesetzt. Es war ein Anhänger an einem Geschenk.

Vielleicht möchten Sie etwas Ähnliches machen. Vielleicht möchten Sie eine Kerze anzünden. Es heißt, die Verstorbenen würden diese Zeichen der Liebe spüren.

Diese Geschenke müssen nichts oder nur sehr wenig kosten und haben dennoch einen Wert, den man tief im Herzen mit nichts aufwiegen kann.

Liebe.

Quelle der Kraft

Was mir von dir bleibt
ist die Liebe.

Die folgende Geschichte, die ich von einem Freund gehört habe, hat mich tief berührt. Als er ein Jahr nach dem Tod seines Vaters in Berlin seinen zweiten Marathon laufen wollte, sollte das ein ganz besonderer Marathon werden. Er wollte ihn für seinen Vater laufen. Mit ihm in seinem Herzen. Er trug ein Shirt, auf das er ein Foto seines Vaters gedruckt hatte.

Er trug seinen Vater symbolisch durch Berlin, und mit ihm lief er durch das Ziel, das Brandenburger Tor. Ich bin mir sicher, dass er in diesem Moment nicht allein war. In all diesen Stunden, in denen er den Marathon gelaufen war, hatte ihm der Gedanke an seinen Vater Kraft gegeben, durchzuhalten. Die ersten 30 Kilometer trug er seinen Vater, die letzten 12 Kilometer, die bei einem Marathon immer sehr schwierig sind, bat er seinen Vater, ihn zu tragen.

Für ihn ist sein Vater zu einer Quelle der Kraft geworden.

So können uns irgendwann die Erinnerungen an unsere Lieben, die jetzt woanders sind, stärken.

Weil wir wissen, dass sie zu uns halten würden, weil wir wissen, dass sie uns Glück und Kraft schicken würden – und das alles aus einem Grund, den ich wage zu vermuten: Weil sie uns sicher noch genauso lieben wie wir sie.

Man soll die Gegangenen nicht festhalten, doch wir können uns immer mit ihnen verbunden fühlen, mit ihnen reden, ihnen gute Gedanken schicken.

Und manchmal hat man das Gefühl, dass da noch enge Bande der Zuneigung zwischen den Welten zu bestehen scheinen, als wäre man nicht alleine, auch wenn sie gegangen sind.

Träume und der Traum
vom „puren" Glück

Ihre Seele hat jetzt Flügel.

Es heißt, die Verstorbenen könnten uns in unseren Träumen besuchen. Man sagt auch, sie könnten uns durch unsere Träume etwas mitteilen.

Lange hatte ich das Gefühl, dass meine Mutter jeden Moment wieder zur Haustür hereinkommen müsste.

In einem meiner Träume war es dann auch tatsächlich so. Ich freute mich sehr und wollte sie zur Begrüßung umarmen, doch in diesem Moment wurde sie unsichtbar. Einige Wochen später hatte ich einen weiteren Traum. Dieses Mal saß ich im Wohnzimmer und sie kam die Treppen herunter. Ich stand auf und gerade als ich sie wieder umarmen wollte, löste sie sich erneut in Luft auf.

Den schönsten Traum hatte ich vor wenigen Monaten. Es war der Traum vom „puren Glück". Meine Mutter fuhr voller Energie und überglücklich mit einigen anderen Frauen Fahrrad. Die ganze Situation war voller Glück – in keinem Film hätte es schöner wirken können. Alles bebte förmlich vor Glück.

Bei all diesen Träumen hatte ich das Gefühl, dass es ihr gut geht.

Einen weiteren Traum hatte ich erst vor einigen Tagen, als dieses Buch fast fertig war. Ich träumte, dass meine Mutter plötzlich bei mir in der Küche saß. Ich wollte sie – wie in den anderen beiden Träumen – wieder zur Begrüßung umarmen, doch dieses Mal wurde sie nicht unsichtbar. Dieses Mal unterhielten wir uns. Ich weiß nicht mehr, was sie genau sagte. Ich genoss es einfach nur, sie wiederzusehen.

Einerseits wusste ich in dem Traum genau, dass sie nicht mehr lebte, andererseits war ich so glücklich, sie zu sehen, dass ich nicht einmal daran dachte, zu weinen. Ich hatte mich schon länger daran zu erinnern versucht, wie sie geredet hatte, wie sie gelaufen war, wie sie gewirkt hatte. Alles schien mir so fern. Ich freute mich nun einfach nur, mir alles wieder vor Augen führen zu können. Dann wachte ich auf. Und alles schien so echt.

Der Vater meiner Mutter, den sie sehr geliebt hatte, ist sehr jung im Krieg gefallen. Meine Mutter war damals gerade sieben Jahre alt. Sie vermisste ihn schrecklich.

Irgendwann erschien er ihr im Traum und sagte zu ihr: „Bitte sei nicht mehr traurig. Es geht mir gut."

Das hat ihr sehr geholfen.

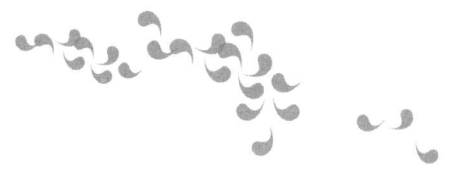

Gibt es etwas danach?

Es ist ein Sinn verborgen hinter allem.

Auch wenn manches so unverständlich ist
und uns manchmal verzweifeln lässt,
so ist doch nichts verloren,
nur verwandelt.

Immer noch in den Händen der Liebe
und geborgen in dieser Liebe,
die so groß ist,
dass sie niemals zu ermessen sein wird.

Ich kann mir vorstellen, dass sich nur die äußere Form verändert, wir also von einem körperlichen in einen geistigen Zustand übergehen. Es könnte in der Tat so sein, dass wir alle aus Energie bestehen und diese auch nicht verloren geht, wenn wir „gehen". Ich halte es für möglich, dass wir nach dem Tod in einen höheren Energiezustand übergehen und somit quasi unsichtbar werden.

Ähnlich wie die Speichen eines Fahrradreifens unsichtbar werden, wenn er sich schnell genug dreht, oder wie kochendes Wasser, das verdunstet und nicht mehr zu sehen ist. Es ist jedoch nicht „verschwunden", sondern hat nur einen anderen Aggregatzustand angenommen.

Ist vielleicht doch alles nur ein Wandlungsprozess – und kein wirklicher Verlust?

Wenn man sich dies vor Augen führt, wäre es dann nicht viel leichter, den Tod zu ertragen?

Jeder hat seinen Sinn
und seine Aufgaben

Die Vielfalt der Natur,
die Schönheit von Blumen,
Schneekristallen, Regen,
die Vielfalt der Menschen
und der Tiere – alles spricht von
großer Liebe und davon,
dass es einen Sinn gibt.

Die Natur, jedes einzelne Lebewesen ist in sich so stimmig, wie ein wohldurchdachtes Kunstwerk.

Für einen Zufall ist meiner Meinung nach alles weitaus zu perfekt.

Ich glaube, dass wir – wie in einer Art Schule – gewisse Lektionen zu lernen haben, aber auch gewisse Dinge für diese Erde tun können – je nach unseren Aufgaben und unseren Fähigkeiten –, und dass wir nach diesem Leben sozusagen in die nächste Klasse wechseln.

Eine Art übergeordnete Aufgabe für alle Menschen ist es wohl, zu immer mehr Liebe fähig zu werden gegenüber sich selbst, anderen und der Natur.

Daneben hat jeder seine ganz individuellen Aufgaben, Herausforderungen und Talente, die er nutzen oder auch unbeachtet lassen kann.

Unsere Gefühle und Sehnsüchte zeigen uns den Weg. Das lässt sich oft schon bei Kindern erkennen.

Eine innere Weisheit scheint uns zu rufen. Menschen begegnen uns und gehen mit uns auf dem Weg. Manche erscheinen uns „wie vom Himmel geschickt". Zu manchen Menschen fühlen wir eine Verbindung tief im Herzen.

Unser Geschmack oder unsere Vorlieben, z. B. für eine bestimmte Musik- oder Kunstrichtung oder das Interesse für bestimmte Themen, können Hinweise sein für die jedem eigene und einzigartige Bestimmung.

Entscheiden wir uns, eben jenen bestimmten Weg nicht zu gehen, so spüren wir doch tief in unserem Herzen, dass uns etwas fehlt.

Könnte es sein, dass die Aufgaben eines Menschen oder seine Bestimmung hier vollendet waren, wenn er stirbt? Ich halte das für möglich. Auch wenn es für uns schwer nachzuvollziehen ist. Vielleicht stehen in der jenseitigen Welt neue Aufgaben für ihn bereit. Auch dort gibt es Ebenen der Entwicklung. Oder aber er kommt für eine weitere Inkarnation auf diese Erde.

Es heißt, dass wir uns für die jeweilige Inkarnation entschieden haben, um etwas Bestimmtes zu lernen und danach wieder zurückzukehren.

Das Schöne an dieser Denkweise ist, dass sie die Möglichkeit eines Wiedersehens bietet. Sie beinhaltet auch, dass nichts verloren geht – auch nicht die Seelen der Tiere - und wir die Verstorbenen somit nicht wirklich verlieren.

Ich habe immer mehr das Gefühl, dass alles einen Sinn hat. Ich glaube, dass wir jemandem da draußen sehr wichtig sind. Nennen Sie ihn Gott oder eine höhere Kraft.

Lichtwelten

Geborgen im Licht,
geborgen in der Liebe.

Die Geschichten von Nahtoderfahrungen ähneln sich oft. Die Personen sehen einen Lichttunnel und sind losgelöst von ihrem Körper.

Sie können sich durch Raum und Zeit bewegen, sehen Verwandte oder Freunde, die gestorben sind, und werden von ihnen willkommen geheißen.

Immer wieder wird berichtet, dass die Personen während dieser Erlebnisse Aufgaben für ihr weiteres Leben erhalten.

Vor vielen Jahren wurde mir der nachfolgende persönliche Bericht einer Nahtoderfahrung erzählt. Ich habe die Geschichte einige Stunden später, nachdem sie mir erzählt wurde, gleich niedergeschrieben. Mich verzaubert sie jedes Mal erneut.

Die Person hatte einen Infarkt mit Herzstillstand und wurde nach einigen Minuten ins Leben „zurückgeholt", was sie eigentlich zuerst gar nicht mehr wollte, weil „dort" alles so schön gewesen war. Seitdem, so sagte sie, habe sie keine Angst mehr vor dem Tod.

Ich habe inzwischen schon so viele andere Geschichten „zwischen Himmel und Erde" gehört und zum Teil erlebt, dass ich langsam einiges für möglich halte, obwohl ich eigentlich sehr kritisch bin.

Machen Sie sich selbst ein Bild, und lassen Sie die nachfolgende Geschichte auf sich wirken.

Der Weg erinnerte sie an Lavagestein, und dennoch sah er völlig anders aus, als alles, was sie je zuvor gesehen hatte. Sie lief auf ein Lichttor zu, das heller als Tausend der hellsten Lichter war.

Der Weg selbst war umgeben von Bergen. Diese waren bedeckt mit Kristallen, die ihre Farbe wechselten und dann in sich zerfielen, um sich in Blumen zu verwandeln.

Bis heute hat sie nie wieder in unserer Welt solche Farben entdecken können. Diese Welt sei so wunderschön gewesen, dass sie nicht mehr von dort weg wollte.

Sie war gerade dabei, durch das Tor zu treten, als man ihr gesagt habe, dass es noch nicht an der Zeit sei. Sie dürfe irgendwann durch das Tor gehen, aber nicht jetzt. Sie habe noch weitere Aufgaben zu erledigen.

Um eine Aufgabe habe man sie dort gebeten, die ein großes Opfer von ihr verlangte, doch darüber wollte sie mit niemandem sprechen. Diese Aufgabe habe sie inzwischen erfüllt und auch erkannt, dass es jetzt eine weitere Aufgabe sei, für andere da zu sein, besonders für ihre Kinder.

Früher habe sie sehr an materiellen Dingen gehangen, jetzt wüsste sie, dass alles nur geliehen sei.

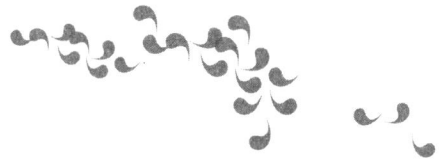

Das Leben ist nur eine Brücke

Das Leben auf dieser Welt ist nicht unser Wohnort,
es ist nur die Brücke,
die von Unendlichkeit zu Unendlichkeit führt.

Vom Licht ins Licht,
wo wir vor der Geburt waren,
und nach dem Tod wieder das Tor betreten.

Letztlich reisen wir alle über diese Brücke
zurück in das Land der Liebe,
und werden dort liebevoll empfangen.

Wenn Menschen oder Tiere uns verlassen,
gehen sie immer in ein glücklicheres Land.

Der Tod ist nur die Tür ins Licht,
in das Land der Liebe.

In die Unendlichkeit,
in der es keinen irdischen Tod gibt,
in der die Liebe wohnt.

Macht Euch keine Sorgen,
er ist notwendig, damit sich diese Tür öffnet.

Vertraut auf das Land der Liebe,
und ängstigt euch nicht.

Gott

Spürt die Liebe, sie ist niemals fern.

Spürt meine Geborgenheit,
sie ist immer da.

Wenn meine Mutter von Gott sprach, deutete sie oft mit dem Finger nach oben und sagte: „Mein Freund." Ich bewunderte im Stillen diese Vertrautheit.

Sie sagte, „Gott ist nicht böse, wenn wir kritisch sind und Dinge hinterfragen".
Ich hatte damals noch das Bild von einem strengen und strafenden Gott vor Augen. Meine Mutter sagte mir, dass sie in ihrer Jugend genau diese Angst auch gekannt habe, nun jedoch an einen liebenden Gott glaube.

Mittlerweile glaube ich, ein ganz ähnliches Verhältnis zu Gott zu haben. Heute sehe ich ihn auch als jemanden, dem man alles anvertrauen kann, dem man alles sagen kann, wie verzweifelt man auch sein mag. Heute sehe ich die Liebe, die er ausstrahlt.

Wenn ich in Heidelberg einkaufen gehe, mache ich gelegentlich gerne einen kurzen Besuch in der Jesuitenkirche, nahe der Fußgängerzone. Ich habe sie bei der Stadtführung kurz nach dem Tod meiner Mutter kennengelernt.

Diese Kirche mit ihren tiefbraunen, modern gestalteten Bänken spricht mich in ihrer hellen Klarheit sehr an. Sie ist ganz in Weiß gehalten, ist mit großen, silbernen Leuchtern geschmückt, und die Wände sind mit hellgrünen und goldenen Ornamenten verziert.

Ich setze mich meist nur für einige Minuten in diese Kirche. Manchmal muss ich weinen. Es gibt dort einen Gedenkturm, gebaut aus Hunderten kleiner Tontafeln, auf denen die Namen von Verstorbenen stehen.

Erfüllt von diesem Hall, umgeben von jener Höhe und dieser reinen, klaren Luft glaubt man dort, die Anwesenheit von etwas Größerem zu verspüren.

In dieser Stille hat man das Gefühl, Gott zu spüren. In diesen Minuten hat man den Eindruck, dass „alles gut ist".

Die Musik scheint in Kirchen zu schweben, und manchmal glaube ich, mich in einem riesigen Kaleidoskop zu befinden.

Am Eingang dieser Kirche gibt es die Möglichkeit, Kerzen anzuzünden.

Ähnlich wie bei einem Gebet scheint mir dies wie eine Art Kontaktaufnahme mit einer großen und liebevollen Macht. Symbolisch eine Kerze anzuzünden für eine Situation, für die man Hilfe sucht oder für jemanden, dem man Liebe, Kraft oder die Hilfe Gottes schicken möchte – sei es für die Lebenden oder die Gegangenen.

Dieses flimmernde Lichtermeer rührt mich immer wieder.
So viele Wünsche ruhen darin, so viel Liebe.

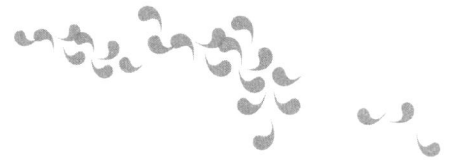

Engel der Heilung

Gehe vorwärts in Gedanken, und stelle dir vor,

du gingest in einer großen Lagune, nahe am Meer,
spazieren.

Das Wasser umspült deine Füße.

Spürst du den warmen sanften Wind?

Blicke in diesen wunderschönen blauen Himmel

mit den Wolken, die aussehen wie ein Gemälde.

Stelle dir goldenes Licht vor,

das dich sanft wie ein Nieselregen umgibt.

Manchmal wiegt alles so schwer in deinen Händen –

lass die Last abfallen wie einen schweren Mantel.

Spüre den Sand unter deinen Füßen,

lass deine Kraft wieder ins Fließen kommen.

Fühle dich geborgen im Rhythmus des Lebens,

der dich langsam wieder umspült, wie Wellen den
Strand.

Lehne dich in den Wind und vertraue.

Schöpfe diesen Tag wie frisches, klares Wasser,

entdecke wieder die Liebe zum Leben.

Nimm nun den Mut zurück in deine Hände.

Ein Sinn hinter
all den Rätseln

Die sogenannte Realität,
die wir als solche begreifen oder
wahrnehmen können,
ist wahrscheinlich nur ein winziger
Bruchteil von all dem,
was unerkannterweise um uns herum
geschieht.

(Ausschnitt aus dem Brief einer Freundin)

Der Tod macht mich immer noch traurig. Er bringt mich sehr leicht zum Weinen. Und ich möchte so wenig wie möglich mit ihm zu tun haben. Ich denke, das wird sich auch nie ändern.

Man kann sich noch so sehr trösten, dass die Verstorbenen dort gut aufgehoben sind. Es schmerzt, wenn man jemanden gehen lassen muss. Es wird immer wehtun.

Manchmal bin ich zu sehr Mensch, um alles mit einem „verstehenden" Blick zu betrachten.

Dann vergesse ich, dass ich eine Seele bin, die hierher auf diese Erde gekommen ist, um zu lernen, wie jeder andere auch. Dann bin ich einfach nur traurig, dass es den Tod gibt.

Manchmal sieht alles so friedlich aus, wenn durch die Äste der Catalpa, die hinter dem Grab meiner Mutter steht, das Sonnenlicht glitzert. Wenn mein Blick dann auf das Kreuz fällt, auf dem „Hier ruht in Frieden …" steht, verschwimmt doch manchmal alles vor Tränen.

Es muss einen Sinn hinter all diesen Rätseln geben, und ich vermute, dass es den Tod geben muss, um den Übergang in dieses andere Leben zu ermöglichen.

Wenn man nicht aufpasst, vergisst man vor lauter Traurigkeit, zu leben. Wenn man das Heute nicht nutzt, ist es morgen vergangen. Wir sollten versuchen, unsere Zeit zu nutzen.

Nach der notwendigen Zeit der Trauer sollten wir uns irgendwann wieder dem Leben zuwenden.

Es wartet auf uns.

Nichts ist
selbstverständlich

Das Leben ist so kostbar
und die, die wir lieben.

Jeder Moment ist so wertvoll –
schätzen wir das Glück,
solche Schätze zu haben.

Zeit ist etwas Unwiederbringliches.
Es ist nicht selbstverständlich,
dass wir sie haben.

Wenn ich ein Buch zu Ende gelesen habe, erinnert mich das manchmal sehr an einen Abschied.

„Jeder Abschied ist ein kleines Sterben.", pflegte meine Mutter zu sagen, und ihre letzten Worte waren: „Es ist schön, wenn man Menschen begegnet, die freundlich sind, das tut gut."

Als ich merkte, dass ich dieses Buch schreiben sollte, weil ich das Gefühl hatte, dass es anderen helfen könnte, wurde mir wieder einmal die Kostbarkeit dieses Lebens bewusst, die Schönheit dieser Erde und dieses Lebens und die Liebe zu allem, was mir wichtig ist auf dieser Welt.

Tief in uns spüren wir, was wirklich wichtig ist. Wir spüren, wie unbedeutend materielle Dinge sind, so schön sie auch sein mögen.

Ohne die Zuneigung zu all jenen, die uns wichtig sind, können uns all diese Dinge nicht glücklich machen, so reich wir auch sein mögen.

Haben Sie Mut.

Alles Liebe

Möge dieses Buch Sie trösten,
und Ihnen den Glauben
an sich selbst und an das Leben
zurückbringen.

Möge der Wind
die Seelen trösten,
möge er ihnen Liebe
und Zuversicht bringen.

Ebenso erschienen im Schirner Verlag

Ruediger Dahlke

Worte
der Heilung

144 Seiten, Paperback, vierfarbig
ISBN 978-3-89767-876-7

In diesem Büchlein versorgt Sie Dr. Ruediger Dahlke mit Worten
– und zwar auf die gleiche Weise wie ein guter Heilpraktiker homö-
opathische Mittel verabreicht: in kleinen, höchst heilsamen Dosen.
Gerade wenn Sie es am nötigsten haben, weil Sie vielleicht krank
sind oder viel zu tun haben, kommen Sie nicht dazu, sich ernsthaft
mit sich und den Botschaften Ihres Körpers auseinanderzusetzen.
Und genau dann sind Sie hier richtig. Ungewohnt poetisch gibt
der Autor sein gesamtes Wissen in Form von eingängigen Sinn-
sprüchen weiter. Es wird tief in Ihr Inneres sinken und zu wirken
beginnen, wenn Sie sich dafür öffnen

Ebenso erschienen im /Stb

Linda Auer

Die Augen meiner Seele

Kontakte mit Verstorbenen

168 Seiten, Taschenbuch
ISBN 978-3-89767-680-0

Die Autorin berichtet, wie sie durch ein Aneurysma im Gehirn plötzlich aus ihrem geordneten Leben gerissen wird. Durch ein Nahtoderlebnis erhält sie Einblick in jene „andere Welt" und gibt auf einfühlsame und anschauliche Weise ihre Eindrücke an den Leser weiter.

Zudem geht es im vorliegenden Buch um Wahrträume und Erscheinungen, die die Autorin beschreibt, um dem Leser, der eventuell ähnliche Erfahrungen gemacht hat, Mut zu machen, darüber mit anderen ins Gespräch zu kommen.